L'ÉGLISE ET L'ÉTAT AU MOYEN AGE
Directeur : H.-X. ARQUILLIÈRE
———————————— I ————————————

LES IDÉES
POLITICO-RELIGIEUSES
D'UN ÉVÊQUE DU IXᵉ SIÈCLE

JONAS
D'ORLÉANS

ET SON

" DE INSTITUTIONE REGIA "

ÉTUDE ET TEXTE CRITIQUE

PAR

JEAN REVIRON
DOCTEUR EN THÉOLOGIE
DIPLOMÉ DE L'ÉCOLE PRATIQUE DES HAUTES ÉTUDES
(SCIENCES HISTORIQUES ET PHILOLOGIQUES)

PARIS
LIBRAIRIE PHILOSOPHIQUE J. VRIN
6, PLACE DE LA SORBONNE (Vᵉ)
1930

LIBRAIRIE J. VRIN, 6, PLACE DE LA SORBONNE, PARIS

ÉTUDES DE PHILOSOPHIE MÉDIÉVALE

Directeur : ÉTIENNE GILSON

PROFESSEUR A LA SORBONNE
DIRECTEUR D'ÉTUDES A L'ÉCOLE PRATIQUE DES HAUTES ÉTUDES RELIGIEUSES

VOLUMES PARUS :

I. Étienne GILSON. **Le Thomisme. Introduction au système de saint Thomas d'Aquin. Troisième édition revue et augmentée.** Un volume in-8º de 315 pages . . . . 32 fr.

II. Raoul CARTON. **L'expérience physique chez Roger Bacon (Contribution à l'étude de la méthode et de la science expérimentale au XIIIe siècle).** Un volume in-8º de 189 pages. . . . . 15 fr.

III. Raoul CARTON. **L'expérience mystique de l'illumination intérieure chez Roger Bacon.** Un volume in-8º de 376 pages. . . . . 30 fr.

IV. Étienne GILSON. **La philosophie de saint Bonaventure.** Un fort volume in-8º de 482 pages. . . . . 50 fr.

V. Raoul CARTON. **La synthèse doctrinale de Roger Bacon.** Un volume in-8º de 150 pages. . . . . 12 fr.

VI. Henri GOUHIER. **La pensée religieuse de Descartes.** Un volume in-8º de 328 pages (couronné par l'Académie française) . . . . 30 fr.

VII. Daniel BERTRAND-BARRAUD. **Les Idées philosophiques de Bernardin Ochin, de Sienne.** Un volume in-8º de 136 pages. . . . . 10 fr.

VIII. Émile BRÉHIER. **Les Idées philosophiques et religieuses de Philon d'Alexandrie.** Un volume in-8º de 350 pages. . . . . 30 fr.

IX. J.-M. BISSEN. **L'exemplarisme divin selon saint Bonaventure.** Un volume in-8º de 304 pages. . . . . 35 fr.

X. J.-Fr. BONNEFOY. **Le Saint-Esprit et ses Dons selon saint Bonaventure.** Un volume in-8º de 240 pages. . . . . 30 fr.

XI. Étienne GILSON. **Introduction à l'étude de saint Augustin.** Un volume in-8º de 350 pages sur papier pur fil. . . . . 60 fr.
Edition ordinaire. . . . . 0 fr.

XII. Car. OTTAVIANO. **L'Ars compendiosa de Raymond Lulle, texte inédit précédé d'une étude sur les œuvres de Lulle** (tiré à petit nombre). In-8º. . . . . 40 fr.

SOUS PRESSE :

G. THÉRY, O. P. *Études dionysiennes.*
XIII. T. I. **Les origines de l'Aréopagitisme latin.**
XIV. T. II. **La version d'Hilduin.**

EN PRÉPARATION :

A. FOREST. **La structure métaphysique du réel selon saint Thomas d'Aquin.**

A Sa Grandeur Monseigneur J.-M. COURCOUX
Évêque d'Orléans
En témoignage de fidèle et respectueuse affection.

J. R.

LES IDÉES POLITICO-RELIGIEUSES
D'UN
ÉVÊQUE DU IXe SIÈCLE

JONAS D'ORLÉANS
ET SON
" DE INSTITUTIONE REGIA "

Sur l'avis de M. Ferdinand LOT, Directeur d'études d'histoire, et de MM. SAMARAN et ARQUILLIÈRE, Commissaires responsables, le présent mémoire a valu à M. Jean EVIRON, le titre d'élève diplômé de la Section d'Histoire et de Philologie de l'École Pratique des Hautes Études.

Le Directeur de la Conférence,
Signé : Ferdinand LOT.

Les Commissaires responsables,
Signé : SAMARAN,
ARQUILLIÈRE.

Le Président de la Section,
Signé : A. MEILLET.

Juin 1929.

L'ÉGLISE ET L'ÉTAT AU MOYEN AGE
Directeur : H.-X. ARQUILLIÈRE
I

LES IDÉES POLITICO-RELIGIEUSES
D'UN ÉVÊQUE DU IXe SIÈCLE

JONAS D'ORLÉANS
ET SON
" DE INSTITUTIONE REGIA "
ÉTUDE ET TEXTE CRITIQUE

PAR

JEAN REVIRON
DOCTEUR EN THÉOLOGIE
DIPLOMÉ DE L'ÉCOLE PRATIQUE DES HAUTES ÉTUDES
(SCIENCES HISTORIQUES ET PHILOLOGIQUES)

PARIS
LIBRAIRIE PHILOSOPHIQUE J. VRIN
6, PLACE DE LA SORBONNE (Ve)
1930

J 692
89049

TABLE DES MATIÈRES

Table des Matières 9
Bibliographie 11
Avant-Propos 17

Première Partie

ÉTUDE CRITIQUE

Chapitre Ier. — *La vie de Jonas d'Orléans* 23
Chapitre II. — *L'œuvre littéraire de Jonas d'Orléans* 37
Chapitre III. — *Le* De Institutione regia :
        1. Son histoire 47
        2. Sa composition 56
Chapitre IV. — *Les sources du* De Institutione regia 60
        1. L'érudition de Jonas d'Orléans.... 61
        2. Les sources propres du De I. R. :
            a) Sources scripturaires 68
            b) Sources patristiques 71
Chapitre V. — *Les idées politico-religieuses de Jonas d'Orléans* 76
Conclusion 113

Deuxième Partie

TEXTE CRITIQUE

Note sur l'établissement du texte 121
Epître dédicatoire Ad Pippinum regem 123
De Institutione regia 132

Index des noms propres 195

BIBLIOGRAPHIE

I. — SOURCES

1º Œuvres de Jonas d'Orléans (1)

De Institutione Regia (avec *Epistola ad Pippinum regem*) :
  Manuscrit cote D. 168 (sans titre), Bibliothèque des Chanoines de Saint-Pierre de Rome ;
  1re édition d'Achery, *Spicilegium* (v. *infr.* à d'Achery), t. V, 57-104 (Paris, 1661) ;
  2e édition d'Achery (revue par Baluze, Martène, de la Barre), *Spicilegium* (v. *infr.* à d'Achery), t. I, 324-335 (Paris, 1723) ;
  Édition Labbe (à la suite de *La Géographie royalle*), p. 123 sq. (Paris, 1662) ;
  Édition Migne, *Patrologie latine*, t. CVI, 279-306.

Epistola ad Pippinum regem (séparée), édition Dümmler, dans les *Monumenta Germaniæ Hist., Epist. Karolini ævi*, t. III, p. 349-353.

Vita secunda Sancti Hucberti et corporis ejus translatio ad monasterium andaginense, dans les *Acta Sanctorum Novembris* (de Smedt, Van Hooff, de Backer), t. I, 806-816 (Paris, 1887).

Historia translationis Sancti Hucberti, édition Migne, dans *Patrologie latine*, t. CVI, 389-394.

De Institutione Laicali, édition Migne, dans *Patrologie latine*, t. CVI, 121-280.

De Cultu imaginum, édition Migne, dans *Patrologie latine*, t. CVI, 305-388.

---

(1) Sauf pour le *De Institutione Regia*, nous ne mentionnons ici que les éditions les plus faciles à consulter des œuvres de Jonas d'Orléans. Des indications plus complètes sont données au chapitre II.

2° Répertoires, recueils, sources narratives

Achery (Luc d'), *Veterum aliquot scriptorum... Spicilegium.* 1ʳᵉ éd., Paris, 1655-1677, 13 vol. in-4° (surtout t. I, V et XIII).

Achery (Luc d'), *Spicilegium,* nova editio, Paris, 1723, 3 vol. in-fol. (surtout t. I).

Adrevaldus, *De miraculis sancti Benedicti,* dans *Rec. des Hist. de France* (v. infr. *Hist. de Fr.*), VI, 313 sq.

Agobard, *De comparatione regiminis ecclesiastici et politici,* dans *P. L.*, t. CIV, col. 291 à 298.

Astronome (L'), *Vita Hludowici,* éd. Pertz, dans *M. G. H. SS.*, II, 607-648.

Berthold, *Vita Sancti Maximiani,* dans Mabillon (A. S. O. S. B., I, 591 sq.; v. Mabillon).

Chevalier (Ulysse), *Répertoire des sources historiques du Moyen âge,* bio-bibliographie, 2ᵉ éd., gr. in-8, Paris, 1905.

Eginhard, *Annales,* dans *P. L.*, t. CIV, col. 368 sq.

Elbène (Mgr A. d'), *Statuts synodaux d'Orléans,* Orléans, 1664.

Ermoldus Nigellus, *In honorem Hludowici libri IV,* éd. Dümmler, dans *M. G. H., Poetæ latini ævi Carolini,* II, 5-91.

Fabricius, *Bibl. med. et infim. Latin.,* Hambourg, 1745 (le t. IV).

Gallia Christiana, par Denis de Sainte-Marthe, les Bénédictins de Saint-Maur et B. Hauréau, Paris, 1715-1865, 16 vol. in-fol. (le t. VIII).

Hincmar, *De Ordine Palatii,* éd. Prou, 58ᵉ fasc. de la *Bibl. des Htes Etudes* (Sc. hist. et philolog.), Paris, 1884-1885.

Historiens de France (Recueil des), par des religieux Bénédictins de Saint-Maur et l'Académie des Inscriptions, Paris, 1738-1876, 23 vol. in-fol. (par abrév. : *Bouquet).*

Letaldus, *Liber mirac. S. Maximini,* dans *M. G. H. SS.,* I, 364 sq.

Liber pontificalis, éd. L. Duchesne, 2 vol., Paris, 1884-1892.

Loup de Ferrières, *Lettres,* éd. Levillain (voir ce nom).

Mabillon, *Acta Sanctorum ordinis sancti Benedicti,* Paris, 1668-1702, 6 tomes en 9 vol. in-folio (par abrév. *A. S. O. S. B. B.*) (les vol. I et II).

Mansi, *Sacrorum conciliorum nova et amplissima collectio,* Florence-Venise, 1757-1798, 31 vol. in-fol. (le t. XIV) (par abrév. : Mansi).

Molinier (A.), *Les Sources de l'Histoire de France*, t. I, Paris, 1902.

Monumenta Germaniæ Historica, Scriptores (abrév. : *M. G. H. SS.*), éd. Pertz, Hanovre, 1826-1896, 30 vol. in-fol.

Monumenta Germaniæ Historica (abrév. : *M. G. H.*), *Capitularia regum francorum*, éd. Boretius et Krause, Hanovre, 1883-1897, 2 vol. in-4º.

M. G. H., *Epistolæ ævi Carolini*, éd. Dümmler et Hampe, Berlin, 1892-1904, 4 vol. in-4º.

M. G. H., *Poetæ ævi Carolini*, éd. Dümmler, Traube, Winterfeld, Berlin, 1880-1899, 4 vol. in-4º.

M. G. H., *Concilia ævi Karolini*, éd. Werminghoff, 2 p. en 1 vol. in-4º, Hanovre et Leipzig, 1906.

Migne, *Patrologiæ cursus completus series latina*, Paris, 1844-1859 (abrév. : *P. L.*).

Nithard, *Historiarum libri IV*, éd. Pertz, dans *M. G. H. SS.*, II, 649-692.

Sedulius Scottus, *Liber de rectoribus christianis*, dans *P. L.*, t. CIII, col. 291 *sq*.

Smaragdus, *De Via Regia*, dans *P. L.*, t. CII, col. 931 *sq*.

Thegan, *Vita Hludowici imperatoris*, éd. Pertz, dans *M. G. H. SS.*, II, 585-504.

Theodulf, *Opera*, dans *P. L.*, t. CV, col. 188 *sq*.

II. — ÉTUDES ET OUVRAGES DIVERS

Amann, *Jonas d'Orléans*, article du *Dictionnaire de Théologie catholique* Vacant-Mangenot.

Amelung, *Leben und Schriften des Bischofs Jonas von Orleans*, in *Programm des Wirtzthumschen Gymn. in Dresden*, Dresde, 1888.

Arquillière (H.-X.), *L'Origine des théories conciliaires*, dans *C. R. de l'Acad. des Sc. morales et politiques*, Paris, mai 1911.

Arquillière (H.-X.), *Sur la formation de la « Théocratie » pontificale*, dans les *Mélanges Ferd. Lot*, Paris, 1925.

Arquillière (H.-X.), *Le plus ancien traité de l'Eglise : Jacques de Viterbe : De Regimine Christiano*, Paris, 1926.

Arquillière (H.-X.) (Dubruel et), art. *Gallicanisme* du *Dictionnaire apologétique* d'Alès, Paris, 1912.

Bainvel (J.-V.), *De Ecclesia Christi*, Paris, 1925.

Batiffol, *Le Catholicisme de saint Augustin*, Paris, 1923 ; *Le Siège apostolique*, Paris, 1925.

Bernheim, *Mittelalterliche Zeitanschauungen in ihrem Einfluss auf Politik und Geschichts chreibung*, Tubingue, 1918.

Bondois (Marg.), *La Translation des saints Marcellin et Pierre ; Etude sur Einhard et sa vie politique de 827 à 834*, dans *Bibl. de l'Ec. des Hautes Etudes (Sc. hist. et philolog.)*, 160ᵉ fasc., Paris, 1907.

Brière (Y. de la), *Papauté*, article du *Dictionnaire apologétique* publié par *d'Alès*.

Brunhes (Gab.), *La Foi chrétienne et la philosophie au temps de la Renaissance carolingienne*, Paris, 1903.

Carlyle (M.), *Medevial political theory in the west*, 5 vol., Londres, 1903 et suiv. (le t. I).

Ceillier, *Histoire générale des auteurs sacrés et ecclésiastiques*, 17 vol., Paris, 1862 (le t. XII).

Chénon (E.), *Théorie catholique de la souveraineté nationale*, extrait de la *Revue canonique*, Paris, 1898.

Chevallard (P.), *L'Eglise et l'Etat au IXᵉ siècle : Saint Agobard, archevêque de Lyon*, Lyon, 1869.

Combès, *La Doctrine politique de saint Augustin*, Paris, 1928.

Dareste (C.), *Histoire de France*, t. I, 3ᵉ éd., Paris, 1884.

Dubruel (v. Arquillière).

Duchesne (Mgr), *Fastes épiscopaux de l'ancienne Gaule*, 2 vol. in-8, Paris, 1894-1900 (le t. II).

Ebert (A.), *Histoire générale de la littérature du Moyen âge en Occident*, trad. Aymeric et Condamin, Paris, 1884-1889, 3 vol. in-8 (le t. II).

Esmein, *Cours d'histoire du Droit français*, 11ᵉ éd., Paris, 1912.

Gierke (O. von), *Les Théories politiques du Moyen âge*, trad. J. de Pange, Paris, 1914.

Gilson (E.), *Introduction à l'étude de Saint-Augustin*, Paris, 1929.

Grumel, art. *Culte des images*, dans *Dict. de Théol. cath*. Vacant-Mangenot.

Guettée, *Histoire de l'Eglise gallicane*, Paris, 1848-1850 (le t. III).

Guyon (Symphorien), *Histoire de l'Eglise et diocèse, ville et uni versité d'Orléans*, Orléans, 1647, 2 vol. in-folio (la 1ʳᵉ partie).

Halphen, *La Pénitence de Louis le Pieux à Saint-Médard de Soissons*, dans *Mélanges d'hist. du Moyen âge*, fasc. XVIII de la *Bibl. de la Fac. des Lettres de Paris*, Paris, 1904.

Halphen (L.) (v. Lot).

Hauck (Alb.), *Kirchengeschichte Deutschlands*, t. II : *Die Karolingerzeit*, Leipzig, 1912.

Hauréau, *Hist. de la philosophie scolastique*, t. I, Paris, 1872.

Héfélé-Leclercq, *Histoire des Conciles*, t. IV, Paris, 1911.

Himly, *Wala et Louis le Débonnaire*, Paris, 1849.

Hœfer, art. *Jonas d'Orléans* de la *Nouvelle Bibliographie générale*, t. XXV, Paris, 1858.

Imbart de la Tour, *Les Elections épiscopales dans l'Eglise de France, du IXe au XIIe siècle*, Paris, 1891.

Kessel, article *Jonas d'Orléans* du *Kirchenlexicon* (t. VI), Fribourg, 1889.

Kleinclausz, *L'Empire carolingien, ses origines et ses transformations*, Paris, 1902.

Lapotre (A.), *L'Europe et le Saint-Siège à l'époque carolingienne*, 1re partie : *Le Pape Jean VIII*, Paris, 1895.

Lemaire (A.), *Les Lois fondamentales de la Monarchie française, d'après les théoriciens de l'Ancien Régime*, Paris, 1907.

Lesne (Mgr), *Histoire de la propriété ecclésiastique en France*, t. II, fasc. I, Lille, 1922.

Levillain, *Etude sur les lettres de Loup de Ferrières*, dans la *Bibl. de l'Ec. des Chartes*, t. 62-63, Paris, 1901 et 1902.

Levillain, *Loup de Ferrières, Correspondance éditée et traduite par Léon Levillain*, t. I, 829-847, Paris, 1927 (collect. *Les classiques de l'Hist. de Fr. au Moyen âge*, n° 10).

Lot (Ferdinand) et Halphen, *Le Règne de Charles le Chauve*, 175e fasc. de la *Bibl. de l'Ec. prat. des Htes Etudes (Sc. philolog. et histor.)*, Paris, 1909.

Magnin, *La Discipline de l'Eglise wisigothique au VIIe siècle*, Paris, 1912.

Manitius, *Geschichte der Lateinischen Literatur des Mittelalters*, t. II : *Von Justinian bis zur mitte des Zehnten Jahrunderts*, Munich, 1911.

Martin (O.), C. R. critique de l'ouvrage de A. Lemaire (v. à ce nom) dans *Nouvelle Revue historique du Droit français et étranger*, t. XXXIII, Paris, 1909.

Ohr, *Der Karolingische Gottesstaat in theorie und Praxis*, Leipzig, 1902.

Pange (De) (voir Gierke).

Pelletier (Chanoine), *Les Evêques d'Orléans depuis les origines chrétiennes jusqu'à nos jours*, Orléans, 1885.

Portalié, article *Saint Augustin* du *D. T. C.* Vacant Mangenot.

Prou, Hincmar : *De Ordine palatii* (voir Hincmar).

Salmon (A.), *Notice sur les manuscrits de la Bibliothèque du Tribunal de Beauvais*, avec *Appendice sur un Traité de Jonas, évêque d'Orléans*, dans *Revue des Bibliothèques*, 8e année, n° 1-2, Paris, février 1898.

Schrödl, article *Jonas d'Orléans* du *Dictionnaire encyclopédique de la théologie catholique* (Wetzer et Welte), Paris, 1870.

Simson, *Iahrbücher des frankischen Reisch unter Ludwig der Frömmen*, Leipzig, 1874-1876.

Tardif, *Histoire des sources du Droit canonique*, Paris, 1887.

Tillier et Jarry, *Cartulaire de Sainte-Croix d'Orléans (814-1300)*, Paris, 1906.

Tixeront, *Histoire des Dogmes*, 3 vol., Paris, 1905, 1909, 1911 (le 3e vol. surtout).

Vernet, article *Livres carolins* du *Dictionnaire de Théologie catholique* Vacant-Mangenot.

Weber (N. A.), article *Jonas d'Orléans* de *The Catholic Encyclopedia*, New-York, 1910.

AVANT-PROPOS

Dans sa récente étude sur la formation de la « théocratie » (1), M. Arquillière a magistralement fait ressortir quel immense intérêt peut offrir l'histoire, encore à peine ébauchée, de la constitution des doctrines médiévales concernant les rapports du Pouvoir spirituel et du Pouvoir temporel.

C'est d'après ses indications que nous avons entrepris le présent essai, premier en date d'une série qui se propose d'étudier méthodiquement les théoriciens politico-religieux du haut Moyen âge, afin de jalonner, pour ainsi dire, les étapes de la formation des doctrines « théocratiques » (2), et qui, entre autres résultats, fera sans doute mieux comprendre comment, dans la chrétienté du IXe siècle, la suprématie effective a pu être transférée de l'Empereur au Souverain Pontife, sans que ce dernier ait jamais pensé sortir de ses attributions religieuses.

C'est au début du IXe siècle, en effet, à la faveur de la Renaissance carolingienne, que paraissent les premiers ouvrages consacrés aux relations des deux Pouvoirs et méritant déjà le nom de « traité ». Vers la fin du règne de

---

(1) H.-X. ARQUILLIÈRE, *Sur la formation de la « théocratie » pontificale*, dans les *Mélanges Ferdinand Lot*, Paris, 1925.

(2) Nous employons ici le mot « théocratie » dans le sens courant, et toutes réserves faites quant aux équivoques auxquelles il donne lieu. Voir sur ce point ARQUILLIÈRE, *op. cit.*, p. 2, 3 et 4.

Charlemagne, Smaradge compose son *De via Regia* (1) et Adalhard un *De ordine Palatii* aujourd'hui perdu (2) ; aux environs de 830 (3), Jonas d'Orléans adresse à Pépin d'Aquitaine son *De Institutione Regia*, et en 833 Agobard écrit la lettre connue sous le titre *De comparatione regiminis ecclesiastici et politici* (4).

Bien que l'œuvre de Jonas ne soit pas la toute première en date, c'est à elle que nous nous sommes attaché, pour des raisons qui trouveront plus loin leur développement. Bornons-nous ici à noter que, au-dessous des grands *proceres* ecclésiastiques qui jusqu'ici ont accaparé presque totalement l'attention des historiens, l'évêque d'Orléans peut être considéré comme le représentant exceptionnellement qualifié d'une partie considérable de l'épiscopat gallofranc, et que de ce fait son témoignage tire une importance toute particulière.

De ce témoignage, nous ferons l'étude d'après le *De Institutione Regia*, dont nous donnerons une histoire et une analyse détaillées, appuyées sur un examen attentif des sources et éclairées, lorsque l'occasion s'en présentera, par les autres écrits du même auteur.

Nous possédons sur Jonas d'Orléans d'assez nombreuses notices (5) dont quelques-unes sont fort intéressantes, comme la substantielle monographie publiée en 1883 par

---

(1) L. W. Laistner, *The date... of Smaragdus' Via regia*, dans *Speculum, a journal of medieval studies*, 1928, p. 392-397.

(2) Hincmar, dans son ouvrage portant le même titre, dit avoir « lu et transcrit » l'opuscule d'Adalhard (Prou, *op. cit.*, p. XXVII de la préface et p. 32 du texte).

(3) Pour la discussion de la date, *v. infr.*, p. 49 et *sq.*

(4) Bien qu'on le cite souvent avec les ouvrages que nous énumérons, nous ne mentionnerons pas ici le *Liber de rectoribus christianis* de Sedulius Scottus, qui semble leur être notablement postérieur (v. Pirenne, *Sedulius de Liège*, Bruxelles, 1882, *Extrait des Mém. de l'Acad. Roy. de Belgique*, coll. in-8, t. XXXIII, p. 34).

(5) V. la Bibliographie.

K. Amelung (1) et l'étude résumée, plus récente (1911), donnée par M. Manitius dans son Histoire de la littérature latine du Moyen âge (2). Mais aucun ouvrage ne traite spécialement des idées politico-religieuses de notre auteur : ces idées, malgré de remarquables aperçus dont nous sommes redevables à M. Prou (3) et à plusieurs autres historiens, il restait à les étudier méthodiquement et dans leur ensemble. C'est ce que nous avons tenté de faire, en nous appuyant à la fois sur l'histoire et sur la théologie de l'époque.

Notre étude de la doctrine politico-religieuse de Jonas est complétée par une édition critique des textes du *De Institutione regia* et de l'*Epître dédicatoire au roi Pépin d'Aquitaine*, textes dont le premier n'est reproduit en un seul morceau ni par l'édition *nouvelle* du Spicilège de Luc d'Achery, ni par la Patrologie latine. Nous avons pris comme document de base le seul manuscrit actuellement connu (manuscrit de la Bibliothèque des Chanoines de Saint-Pierre de Rome).

Nous donnons également, comme une introduction nécessaire pour bien situer la personne de Jonas et apprécier exactement sa doctrine, une biographie aussi complète que possible et un aperçu d'ensemble sur l'activité littéraire de notre auteur. Pour cette partie, nous avons largement utilisé Manitius et Amelung, mais en nous attachant à contrôler ces historiens, à discuter celles de leurs opinions qui ne sont pas universellement admises, à compléter leurs indica-

---

(1) K. Amelung, *Leben und Schriften des Bischofs Jonas von Orléans*, in *Programm des Witzthumschen Gymn. in Dresden* (Dresden, 1888).

En soulignant l'intérêt de cet ouvrage, en particulier, nous n'entendons pas souscrire à toutes les opinions qui y sont exposées. Notre sujet nous amènera d'ailleurs à discuter plus loin un certain nombre d'entre elles.

(2) M. Manitius, *Geschichte der Lateinischen Literatur des Mittelalters*, t. I, *Von Justinian bis zur mitte des Zehnten Jahrunderts*, p. 374 à 380 (München, 1911).

(3) M. Prou, *op. cit.* (Préface, *passim*).

tions par certains renseignements tirés d'autres auteurs et enfin à ajouter ou préciser quelques détails qui semblent avoir été jusqu'à présent inconnus ou négligés.

Une partie de ce travail a fait l'objet d'une leçon à l'Ecole pratique des Hautes-Études (Section des Sciences historiques et philologiques) sous la direction de M. Ferdinand Lot, à qui nous sommes heureux d'offrir ici l'expression de notre respectueuse gratitude.

PREMIÈRE PARTIE

ÉTUDE CRITIQUE

CHAPITRE PREMIER

LA VIE DE JONAS D'ORLÉANS

Jonas est né en Aquitaine (1), probablement avant l'année 780 (2). C'est là qu'il grandit, qu'il se forme aux lettres et à la piété, et qu'il entre dans les Saints Ordres. Au cours de sa jeunesse, il entreprend aux Asturies un voyage pendant lequel il rencontre des disciples de Félix d'Urgel et d'Elipand de Tolède, qu'il reconnaît à première vue comme étant « les plus véritables antéchrists » (3). Ce voyage a certainement eu lieu avant 799, ainsi que l'a prouvé Amelung (4), et par conséquent il semble impossible que Jonas

---

(1) *Vide infra*, p. 123 (épître au roi Pépin d'Aquitaine) : *Quippe cum vestre potestati, in cuius regno ortus et altus*, etc.

(2) Manitius est le seul historien qui propose une date à ce sujet. Il s'appuie sur un passage de l'*Epistola ad Pipp. Regem* où Jonas fait allusion à son délabrement corporel (« *Corpore nunc quasso* », *vide infr.*, p. 131). L'Épître étant antérieure à 834, nous considérons comme très probable l'hypothèse de Manitius, lequel se contente d'un « peut-être » : *er ist vielleicht noch vor dem Iahre 780 geboren worden* (*op. cit.*, p. 374).

(3) Jonas, *De Cultu Imaginum*, lib. I, dans *P. L.*, t. CVI, col. 308 D et 309 A B : *Eliphantus... cujus discipulos apud Astures me aliquando vidisse memini...*

(4) Jonas écrit en effet (*loc. cit.* et *sq.*) que les hérétiques espagnols persévérèrent dans l'erreur malgré ses avertissements, mais que par la suite, ayant voulu répandre ses doctrines en Gaule et en Germanie, Félix d'Urgel fut condamné par une assemblée convoquée sur l'ordre

— encore bien peu âgé à cette époque — l'ait accompli en qualité de *missus*, comme l'*Histoire littéraire* en admet l'éventualité (1).

Jonas nous dit lui-même (2) que, desservi par des calomniateurs auprès de Pépin, fils de Louis le Pieux, il se vit contraint de quitter ce prince. Il est difficile de préciser les conditions dans lesquelles cette séparation se produisit. Guettée (3), qui ne fait pas allusion à ce qu'elle eut de pénible, pense que Jonas suivit l'empereur en France après la mort de Charlemagne, c'est-à-dire vers 814. A lire Amelung au contraire, on pourrait supposer que Jonas ne quitta Pépin qu'après son élévation à l'épiscopat, et que, tout en s'écartant de la cour, il resta dans les états du roi d'Aquitaine, qui serait demeuré son souverain légitime (4).

Nous ne pensons pas que l'interprétation d'Amelung soit la plus juste : dans l'épître dédicatoire, en effet, l'évêque d'Orléans semble bien parler de sa dépendance par affectation de respect et en souvenir de ses origines, plutôt que pour affirmer une sujétion réelle et actuelle (5). Au reste, Orléans n'est pas en Aquitaine, et ne fut incorporée à ce royaume que pendant peu de temps, en 830 d'abord, puis lors du partage de 831 (6).

---

de Charlemagne. Ainsi que le remarque AMELUNG (*op. cit.*, p. 4), Jonas vise ici l'une des trois assemblées qui, vers cette époque, s'occupèrent de l'adoptianisme : synode de Ratisbonne (792), synode de Francfort (794), assemblée d'Aix-la-Chapelle (799). En tout cas, le voyage en Espagne a eu lieu avant 799.

On peut se demander, d'autre part, s'il n'a pas quelque rapport avec l'expédition entreprise en Espagne en 796, par Louis le Pieux, alors roi d'Aquitaine.

(1) *Hist. litt. de la France*, V, 21.
(2) JONAS, *Ep. ad Pipp. Reg.* — V. *infra*, p. 123 : *utpote verendo*, etc.
(3) GUETTÉE, *Hist. de l'Egl. gallic.*, III, p. 291.
(4) AMELUNG, *op. cit.*, p. 42.
(5) JONAS, *Ep. ad Pipp. Reg.* — V. *infra*, p. 123. Rappelons que Pépin résida en Aquitaine à partir de 814, et devint roi de ce pays en 817 seulement.
(6) En 830, Pépin s'empara par la force du pays compris entre Seine et Loire, qui lui fut attribué en partage l'année suivante.

Quoiqu'il en soit, lorsque Théodulf, compromis dans la révolte de Bernard d'Italie, fut disgrâcié et emprisonné (1), c'est Jonas que Louis appela à lui succéder sur le siège épiscopal d'Orléans (2).

Les auteurs ne sont pas d'accord sur la date de cette élévation à l'épiscopat. L'opinion traditionnelle s'arrête à 821 (3), mais Amelung et, à sa suite, Manitius tiennent pour 818, année de la destitution de Théodulf (4). Bien que les premiers documents que nous possédions sur l'activité épiscopale de Jonas ne remontent qu'à 825 et qu'on ait, à cette époque, des exemples de vacances de siège assez longues, il nous semble difficile d'admettre que Louis le Pieux ait laissé Orléans sans évêque pendant quatre ans, et nous nous rallions à la seconde opinion, d'ailleurs conforme à la version d'Ermold le Noir — d'après lequel le « très saint évêque Jona », jaloux de présenter ses devoirs à l'empereur, accourut au-devant de lui lorsqu'il passa par Orléans, en juillet 818, pour marcher contre Morman, seigneur de Léon (5). C'est sans doute la date de la mort de Théodulf,

---

(1) L'emprisonnement de Théodulf eut lieu vraisemblablement vers la fin de 817.

(2) Les *Statuts synodaux du diocèse d'Orléans*, établis en 1644 par Mgr d'Elbène, alors vic. gén., classent Jonas 42ᵉ dans la liste des évêques d'Orléans, tandis que le chanoine Pelletier le classe 41ᵉ (*Les Evêques d'Orléans depuis les origines chrétiennes jusqu'à nos jours*, Orléans, 1855) et Symphorien Guyon, 43ᵉ (*Histoire de l'Eglise et diocèse, ville et université d'Orléans*, 1ʳᵉ partie, Orléans, 1647). Mgr Duchesne (*Fastes épiscopaux de l'Anc. Gaule*, Paris, 1899, p. 459) donne à Jonas le 37ᵉ rang dans son catalogue, qui débute par l'évêque Declopetus.

(3) Ch. de la Saussaye, *Annales eccles. Aurel.*, p. 313. — Le Cointe, *Annales Francorum*, t. VIII, p. 706. — *Gallia Christiana*, t. VIII, col. 1424. — Fabricius, *Bibl. med. et infim. latin.*, t. IV, 174. — Bähr, *Geschichte der röm. Litteratur im karol. Zeitalter*, suppl. III, 395.

(4) Amelung, *op. cit.*, p. 5.

(5) Ermoldus Nigellus, *De Rebus gestis Ludovici Pii lib. III*, dans *M. G., Pœtae latini aev. Carol.*, II, 49 :
  « Obviam ecce venis praesul sanctissime Iona,
  « Reddere digna paras debiter atque volens. »
Cf. *P. L.*, t. CV, col. 610 B : « Obvius ecce venus... »

survenue le 18 septembre 821, qui a été le point de départ de l'opinion traditionnelle, formulée pour la première fois dans une légende née au xe siècle (1) et d'après laquelle l'évêque destitué, ayant réussi à prouver son innocence, aurait été réintégré dans sa dignité (2).

La succession de Théodulf était fort délicate à assurer. L'empereur ne la pouvait donner qu'à un homme de haute sagesse et surtout de loyalisme éprouvé. Pourtant, à en croire le *Kirchenlexicon* (3), Jonas aurait été longtemps hostile à Louis le Pieux, se serait opposé à son accession au trône et, par la suite, l'aurait tenu pour responsable des malheurs de la société chrétienne. Une telle attitude fut bien celle de grands *proceres* tels que Wala (4), mais rien ne permet de l'attribuer à notre personnage, dont l'attachement à l'empereur semble bien ne s'être jamais démenti (5).

Pendant plus de vingt ans, Jonas fera figure de grand évêque. Honoré de la confiance de Louis le Pieux, dont il est le contemporain, le compatriote et, presque dès sa naissance, le sujet (6), estimé des grands, ecclésiastiques ou laïques, à quelque parti qu'ils appartinssent, universellement respecté pour l'élévation de son caractère, sa piété, son talent et son érudition, il sera fréquemment amené à prendre part aux affaires générales de l'Empire, sans pour cela cesser d'accorder tous ses soins au peuple qui lui est

---

(1) Cette légende se trouve dans l'œuvre de Letaldus, moine de Saint-Mesmin, *Liber mirac. S. Maximini*. Cf. *M. G. H., Script.*, 1, 364.

(2) Amelung voit la possibilité d'un rapprochement entre cette légende et les théories pseudo-isidoriennes d'après lesquelles les *causæ majores*, entre autres les plaintes relatives aux évêques, relèvent de la juridiction immédiate du pape (*op. cit.*, p. 7).

(3) Kessel, art. *J. d'O.*, dans le *Kirchenlevicon*, t. VI, col. 1812, 1813.

(4) Cf. Himly, *Wala et Louis le Débonnaire*, Paris, 1849, p. 48 *sq*.

(5) Cf. Jonas, *De Cultu*, dans *P. L.*, t. CVI, col. 305 b, c : *Ludovicus... quantumque imperium paternum... jure æquissimo sortitus...*

(6) Louis le Pieux avait solennellement pris possession de l'Aquitaine en 781. Il était alors âgé de 3 ans.

confié, et particulièrement aux monastères qui relèvent de son autorité.

De même que Théodulf, Jonas s'intéresse avec une sollicitude toute spéciale à l'abbaye de Saint-Mesmin (1) ; il en fait agrandir et embellir l'église, il y fait construire de nouveaux bâtiments ; mais surtout il cherche à y fortifier la discipline monacale dans l'esprit de Saint-Benoit d'Aniane, et il en fait un monastère de plus en plus renommé vers lequel s'orientent les préférences des nobles désireux d'embrasser la vie religieuse (2).

En mars 825, avec l'assentiment de son métropolitain, Jérémie, archevêque de Sens, il lui octroie un privilège, qu'approuve l'autorité impériale (3), pour assurer la perpétuité de ses biens et garantir la liberté des élections abbatiales, contre les empiètements des évêques, en particulier. Plus tard, malgré l'opposition du clergé et des laïques orléanais, Jonas accorde au même monastère les reliques de son fondateur saint Maximin, conservées jusqu'alors dans la ville épiscopale et qu'une ordonnance impériale prescrivait de remettre aux moines qui les réclamaient (4).

C'est à l'occasion de la translation de ces restes, que le moine Berthold, de Saint-Mesmin, écrit une *Vita Sancti Maximiani* dont il offre la dédicace à Jonas. Il ne craint pas d'y comparer l'évêque d'Orléans à Homère et à Vir-

---

(1) Sur Saint-Mesmin, cf. THILLIER et JARRY, *Cartulaire de Sainte-Croix d'Orléans* (814-1300), Paris, 1906, p. XXVIII, XXXI, XXXIX, XL et 63 à 75.

(2) Cf. MABILLON, *A. S. O. S. B.*, 1, 590.

(3) SICKEL, *Regest.*, II, 241 (p. 156). A signaler que Sickel (p. 423) ne regarde pas comme authentique un diplôme impérial postérieur (17 février 826) accordé à l'instigation de Jonas, « *fidelis noster Aurelianensis Præsul Ecclesiæ* », et où il est mentionné que les biens du monastère se sont accrus petit à petit sous les Carolingiens. — BOUQUET (*H. F.*, VI, 554) regardait déjà cette pièce comme suspecte, à cause de l'invocation du début.

(4) Cf. MABILLON, *A. S. O. S. B.*, 1, 590, 591.

gile (1). L'éloge est évidemment excessif, mais nous le relevons comme un indice de l'estime en laquelle les contemporains de Jonas tenaient son talent poétique. Par ailleurs, un peu après la translation des restes de saint Hubert (825) (2) de Liège à Andain, nous voyons Walcaud, évêque de Liège, prier Jonas de mettre en bon latin une ancienne Vie du Saint et de composer une Histoire de la translation de ses reliques (3). Un autre prélat, Amalaire, a recours à l'évêque d'Orléans pour s'éclairer sur la façon correcte d'écrire en abrégé le nom du Christ (4), et lorsque Jonas demande à Loup Servat et à Wenilon de Sens, de corriger l'un de ses ouvrages, probablement le *De Cultu Imaginum,* c'est avec un respect qui n'est pas entièrement de forme, que les deux personnages sollicités se récusent en répondant que l'auteur est seul qualifié pour retoucher son travail (5).

Le caractère de l'évêque d'Orléans n'est pas moins apprécié que son talent et sa science. Plusieurs faits en témoignent : pour se disculper devant lui du reproche d'ambition, Loup Servat — qui pourtant saura stigmatiser la rapacité de son parent Agius (6) — lui envoie une lettre assez révélatrice dans sa forme embarrassée (7) ; le comte Matfrid

---

(1) Berthold, *Vita S. Maxim.*, dans Mabillon, *A. S. O. S. B.*, I, 591 :
  Ingenio si quidem calles, sophiaque redundas,
   Ambrosio prudens eloquioque nites.
  Alter Homerus enim nostro jam diceris ævo,
   Est via cui fandi Publius ipse Maro.
  Moribus es gratus, nulli pietate secundus,
   Et vultu placidus, alloquioque gravis.

(2) Ceillier, *Hist. gén. des auteurs sacrés et ecclés.*, t. XII, p. 644, date cette translation de 835. Erreur matérielle sans doute.

(3) *Vid. infr.*, p. 38.

(4) *M. G., Histor., Epistolarum*, t. V, *Ep. Karolini ævi*, III, 260 et *P. L.*, CV, col. 1333.

(5) Loup de Ferrières, *Corresp. édit. et trad.* par Levillain lettre 20, p. 106.

(6) Cet Agius est probablement celui qui succéda à Jonas sur le siège d'Orléans. Cf. *Ibid.*, p. 116.

(7) *Ibid.*, p. 115 à 120.

s'adresse également à lui lorsqu'il désire s'éclairer sur les devoirs que comporte l'état de mariage (1) ; à lui enfin, s'il faut en croire certains auteurs, ont recours les évêques désireux de rappeler à ses devoirs le roi Pépin d'Aquitaine (2).

Louis le Pieux n'est en reste ni avec les Grands, ni avec les Moines, pour la confiance qu'il accorde, pendant toute sa vie, à Jonas d'Orléans. Il fallait déjà qu'il l'estimât fort — nous l'avons dit — pour lui donner une succession aussi difficile que celle de Théodulf. Il sait utiliser, par la suite, son talent de négociateur ou d'administrateur, sa science théologique et son habileté dans la polémique. Même après la réfutation de Claude de Turin par des hommes tels que Dungal et Théodemir, il éprouve le besoin de recourir à Jonas pour porter le dernier coup aux doctrines de l'inococlaste (3). A plusieurs reprises aussi, il le délègue pour régler des affaires monastiques : réclamation des moines de Fleury-sur-Loire au sujet de la villa de Surchamps, donnée à leur abbaye par Pépin le Bref, mais que retenaient indûment des mains laïques (4) ; litige entre les mêmes religieux et ceux de Saint-Denys (5) ; différend entre Aldric, évêque du Mans, et les moines d'Anisol (Saint-Calais) (6).

---

(1) Cf. *P. L.*, t. CVI, col. 121 *sq*. Matfrid fut comte d'Orléans, et non comte d'Angers, comme l'indique par erreur la *Coll. des Mémoires relatifs à l'Hist. de Fr.* (Guizot), IVe livrais., Paris, 1824, p. 65, n. 1.
(2) Aucun document ne permet de préciser si Jonas s'adressa à Pépin spontanément ou après en avoir été sollicité. L'*Hist. litt.* (V., p. 21), qui donne la seconde manière de voir, ne l'appuie pas. Elle se borne à renvoyer au texte de l'Épitre dédicatoire (*Spicil.*, V, p. 57-58) que l'on trouvera ci-après (p. 123 à 131).
(3) Cf. Jonas, *De Cultu*, dans *P. L.*, t. CVI, col. 306 c.
(4) Cf. Lesne, *Hist. de la propr. eccl. en France*, t. II, fasc. I (Lille, 1922), p. 56-57. A cette affaire, se rapporte un diplôme de Louis le Pieux (24 août 835). Hugues, beau-père de Lothaire, était également légat dans cette circonstance.
(5) Ce litige fut soumis au jugement de Dieu après de longues discussions sans résultat. Cf. Adrevaldus, *De Mirac. S. Ben.*, dans Bouquet (*Hist. Fr.*), VI, 313. Jonas avait pour co-légat Donat, comte de Melun.
(6) Les deux lettres par lesquelles Louis le Pieux charge Jonas de cette mission sont données dans Bouquet (*Hist. Fr.*), VI, 350. — Sur

Ce sont également des affaires de monastères qu'on discute dans plusieurs synodes où nous est attestée la présence de Jonas : double assemblée de Saint-Denys (829 et 830-832) qui met fin aux divisions entre les moines de la célèbre abbaye (1) ; concile réuni à Sens en 833 sous la présidence de l'archevêque de cette ville, Aldric, et à la suite duquel l'empereur accorda, de Worms, certains privilèges pour le monastère Saint-Rémi de Sens (2).

Mais il faut mentionner tout spécialement l'influence de Jonas dans quelques conciles ou synodes qui présentent une importance générale pour l'Église et l'empire carolingien. Dans plusieurs, il remplit un rôle en vedette, chargé d'une mission particulière (3) ou délégué à la rédaction des Actes (4). Il souscrit aux documents émanés de ces assemblées non pas « avant plusieurs métropolitains » comme l'affirme l'*Histoire littéraire* (5), mais du moins en bon rang, d'une façon générale (6).

Jonas siège au synode tenu à Paris en novembre 825 pour dirimer la Querelle des Images. Cette réunion, qui eut

---

les différends entre le monastère d'Anisol et l'évêque Aldric, cf. J. Havet, *Actes des évêques du Mans*, Bibl. de l'Ec. des Chartes, 1893-1894, t. LIV, p. 645-692 et t. LV, p. 560, ainsi que Héfélé-Leclercq, *Hist. des Conciles*, t. IV, 1re partie (Paris, 1911), p. 101-102.

(1) Cf. *M. G., Hist., Concilia ævi Karol.*, t. I, p. II, 683-694 et Héfélé-Leclercq, *op. cit.*, p. 80-81.

(2) Mansi, *op. cit.*, t. XIV, 639.

(3) A Thionville, en 835. Ebbon, archevêque de Reims, qui avait trempé dans la révolte de Lothaire, fut déposé à ce concile, et c'est Jonas qui dicta le procès-verbal de l'assemblée, daté du 4 mars 835. Cf. Héfélé-Leclercq, *Hist. des Conciles*, t. IV, 1re p. (Paris, 1911), p. 91. — Textes dans *M. G. Hist., Conc. æv. Karol.*, t. I, p. II, p. 700 sq.

(4) A Paris (829) et Aix (837). Pour ce dernier, nous donnons toujours la date 837, et non 836, d'après le *Dict. d'Hist. eccl.* de Mgr Baudrillart, t. I, col. 1255 (art. *Aix-la-Chapelle*, par L. Boiteux).

(5) *Hist. litt.*, V, 20.

(6) Par exemple, Jonas est mentionné après trois autres évêques à Saint-Denys (832), premier après les archevêques à Sens (833), après un autre évêque à Thionville (835). Nous négligeons ici les *Acta spuria* (édités en appendice dans *M. G. Hist. Concilia æv. Karol.*, t. I, p. II).

lieu sur convocation de Louis le Pieux et avec la permission
du pape, n'était pas — de l'aveu même de ses membres —
un concile (1). On la désigne cependant parfois sous le nom
de 6ᵉ concile de Paris. Elle aboutit à tracer entre les icono-
clastes et Rome une *via media* conforme à la doctrine con-
tenue dans les *Livres carolins* et assez différente de celle
que soutenait le Souverain Pontife. On sait que le malen-
tendu provenait en grande partie d'une traduction défec-
tueuse. Toujours est-il que l'église carolingienne avait dans
son ensemble une tendance marquée à minimiser le culte
des Images (2). C'est Jonas qui — de concert avec son métropolitain Jérémie de Sens — fut chargé par l'empereur de
revoir les Actes du synode pour en faire un extrait qui ne
heurtât pas trop violemment les idées romaines, et de
porter cet extrait au pape Eugène II pour le faire approuver.

Dans la lettre qu'il adresse à cette occasion au Souverain
Pontife, Louis le Pieux fait l'éloge de Jonas et de Jérémie,
les signale comme pouvant être fort utiles dans la contro-
verse avec les Grecs, à cause de leur science et de leurs aptitudes à la discussion, et les met à la disposition du Saint-
Père pour le cas où ce dernier désirerait les envoyer à Constantinople comme ambassadeurs. Le résultat de la mission
des deux délégués de Louis ne nous est pas connu, mais nous
possédons le texte des lettres par lesquelles l'Empereur
donne ses directives à Jonas et à Jérémie (3). Ce texte est
précieux, en particulier pour préciser la position de l'église
carolingienne sur la question de l'autorité doctrinale du
Pape ; nous aurons l'occasion d'y revenir.

L'évêque d'Orléans paraît également — et cela nous intéresse ici d'une manière toute spéciale — en situation très

---

(1) Héfélé-Leclercq (*op. cit.*, p. 43 *sq*) interprète, dans ce sens qu'il
ne s'agirait que d'une simple réunion, le titre *oratores vestri* que se
donnent les membres de l'assemblée.
(2) Cf. Vernet, art. *Livres Carolins*, dans *Dict. de Théol. cathol.*
Vacant-Mangenot, col. 1795 *sq.* et Héfélé-Leclercq, *loc. cit.*
(3) *M. G. Hist. Concil. æv. Karol.*, II, p. 533.

importante au Concile de Paris, l'une des quatre assemblées réformatrices (Paris, Lyon, Mayence et Toulouse) tenues en 829 sur l'ordre de Louis le Pieux. On sait que — pour la première fois peut-être, et si tôt après Charlemagne ! — ces assemblées discutèrent longuement, entre autres sujets, la question des fondements du pouvoir civil. A Paris, sans aucun doute, c'est Jonas qui rédigea les Actes, lesquels, nous le verrons, sont en de nombreux points identiques à deux de ses ouvrages, le *De Institutione Laicali* et le *De Institutione regia*. Bornons-nous pour le moment à signaler la prépondérance — par rapport aux trois autres assemblées réformatrices de 829 — du Concile de Paris, dont les résolutions furent retenues par le synode et plaid général réuni à Worms la même année (en août) afin de récapituler les travaux des quatre conciles. La *Relatio* adressée à l'empereur par les prélats réunis à Worms a de grands rapports avec les Actes de Paris (829), dont l'histoire ne s'arrête pas encore là, comme nous aurons l'occasion de le montrer plus loin (1).

Au cours des troubles qui, peu de temps après cette période, mettent Louis le Pieux aux prises avec ses fils, ainsi qu'avec une grande partie de la noblesse et des prélats, nous ne voyons pas que la fidélité de Jonas à l'empereur se soit jamais démentie. Bien qu'étant en relations avec des hommes comme Pépin et le comte Matfrid, l'évêque d'Orléans ne semble pas avoir fait — fût-ce un instant — cause commune avec eux. Soit spontanément, soit — comme le supposent quelques auteurs (2) — à la demande de certains grands, Jonas intervient pour conseiller au roi d'Aquitaine l'union avec son père : le *De Institutione Regia* et son épître dédicatoire en font foi. Il est plus que probable qu'il appartint au groupe mal défini des évêques dits « de cour » qui, en 833, s'opposèrent au Pape Grégoire IV, lorsque ce dernier traversa les Alpes avec Lothaire pour sauvegarder la

---

(1) *V. infr.*, p. 33. Cf. Héfélé-Leclercq, *op. cit.*, p. 76 sq.
(2) *V. supr.*, p. 29, n. 2.

paix et l'unité menacées par les décisions de l'empereur. C'est d'ailleurs lui qui, au concile de Thionville, fut chargé de dicter la sentence de déposition d'Ebbon, archevêque de Reims, coupable d'avoir trempé dans la révolte de Lothaire. Par ailleurs, nous l'avons déjà signalé, nul indice contraire n'infirme la persévérance du loyalisme de l'évêque d'Orléans. Jusqu'à la fin de sa vie, Jonas demeurera fidèle à Louis le Pieux, et dans son dernier écrit — ou du moins dans le dernier que nous possédions — il ne craindra pas d'exalter cet empereur au-dessus même de Charlemagne (1).

Nous ne possédons pas la liste des évêques qui participèrent au Concile tenu à Aix-la-Chapelle en février 837, mais Jonas figurait certainement parmi eux. Sans doute fut-il chargé — comme à Paris en 829 — de rédiger les Actes de cette assemblée, qui reproduisent en grande partie les dispositions des Actes de Paris. Il y a plus : les évêques avaient précédemment adressé à Pépin des *salutaria monita*, pour le rappeler, en particulier, au respect de la propriété ecclésiastique (2). Ce prince n'ayant pas tenu compte de leurs avertissements, ils éprouvèrent le besoin de renouveler leur démarche. L'épître qu'ils lui envoyèrent à cet effet nous est connue par deux recensions assez semblables, l'une signée en premier lieu par Aldric de Sens et Herchinrad, l'autre ne portant pas les signatures de ces deux prélats, mais mise au compte de Jonas, qui semble bien être l'auteur de la rédaction (3).

Tandis que Jonas participait ainsi aux affaires générales de l'Empire, il ne négligeait pas son diocèse. On pense bien que, de par sa situation même, Orléans souvent traversée soit par les troupes impériales, soit par les rebelles, devait

---

(1) Jonas, *De Cultu*, dans *P. L.*, t. CVI, col. 305 b c : *Ludovicus Cæsar religiosissimus... moram patris tui, videlicet pii et homonymi, viri Caroli nobilissimi Augusti, imitans, imo supergrediens...*

(2) Cf. Héfélé-Leclercq, *op. cit.*, p. 97.

(3) *V. infr.*, p. 44 *sq*. Documents dans *M. G. Hist.*, *Conc. æv. Karol.* II, p. 724 *sq.* — Sur la portée des interventions épiscopales auprès de Pépin, cf. Lesne, *op. cit.*, p. 171, 172.

subir d'une manière particulièrement cruelle le contre-coup des luttes qui attristèrent le règne de Louis le Pieux. Après la disgrâce de Matfrid, Odon avait été nommé comte d'Orléans. Il usurpa des biens d'Église et contraignit l'évêque, ainsi que Boson, abbé de Saint-Benoît, à assister en personne à la guerre qu'il soutint contre son prédécesseur (1). Il les força à lui fournir des hommes d'armes et des subsides, en sorte que, nous dit le bon Symphorien Guyon, les biens et les personnes ecclésiastiques gémissaient sous sa tyrannie. Mais le comte ayant été tué « en guerre », la paix fut rendue au diocèse d'Orléans.

Nous possédons très peu de renseignements sur la fin de la carrière de Jonas. On sait cependant qu'après la mort de l'empereur, l'évêque d'Orléans servit Charles le Chauve, son nouveau souverain, comme il avait servi Louis, et en retour Charles ne lui ménagea pas sa faveur. Par exemple, Jonas lui ayant représenté la désolation de son diocèse, l'empereur accorda une confirmation des terres et des revenus de l'Église d'Orléans (2). Et c'est — nous l'avons dit — sur la demande de l'empereur que Jonas, en 842, reprit sa réfutation de Claude de Turin, qui avait été suspendue à la mort de l'hérétique.

Plusieurs auteurs datent la mort de Jonas de 841 ou 842 ; d'autres précisent l'année 843 ou vont jusqu'à 844 (3). Elle est certainement antérieure au Concile de Germigny (septembre ou octobre 843), où, comme signataire des résolutions, figure Agius, évêque d'Orléans, élu en 843 d'après les Actes de Verneuil (4). D'autre part, pour conclure à la date

---

(1) Adrevaldus, *op. cit.*, p. 377.

(2) Cf. Thillier et Jarry, *op. cit.*, p. 63 et Lesne, *op. cit.*, p. 31 et 53-54.

(3) Schrödl indique 841 ou 842 ; Tardif, fin 842 ; *L'Histoire littéraire*, 842 ou 843 ; Hœfer, Fabricius, Thillier et Jarry, Amelung, 843 ; Manitius (*op. cité*, p. 378), 843 ; S. Guyon avoue son ignorance.

(4) Les Actes de Verneuil ont été écrits en décembre 844 et mentionnent l'élection d'Agius « l'année avant ». Cf. *M. G. H., Capit. Rég. franc. (Boretius-Krause)*, II, p. 385.

de 843, Mgr Duchesne se base uniquement sur une lettre de
Loup Servat se plaignant à Jonas de la rapacité d'Agius,
mais, d'après les travaux les plus récents, cette lettre a été
écrite en décembre 840 ou au début de l'année 841 (1). C'est
pourquoi nous croyons devoir être moins affirmatif et adopter une certaine marge : 842 ou 843.

Des principaux événements de la vie de Jonas d'Orléans,
nous n'avons retenu que ceux dont les documents authentiques nous permettent de faire état, et il reste bien des
lacunes à combler : comme on l'a fait remarquer, les
hommes du ixe siècle nous apparaissent presque tous ainsi
que des ombres à travers des textes assez rares et généralement gauches. Mais nous en savons assez pour voir en Jonas
un personnage important et représentatif. Il n'est guère
possible de le considérer comme un homme de tout premier
plan : il n'exerce pas une suprématie intellectuelle comparable à celle d'Alcuin, et son rôle politique n'a certes pas
l'ampleur de celui que remplit un Wala. Dans la hiérarchie
ecclésiastique, il ne franchit pas l'échelon qui conduit à la
dignité de métropolitain et ne fut pas même honoré du
sacré Pallium, que le Pape avait accordé à son prédécesseur.
Cependant, il nous semble avoir joué un rôle considérable.
« Bien que très peu original, écrit M. Amann (2), et peut-
être à cause de cela même, il représente au mieux la culture
ecclésiastique et théologique de la renaissance carolingienne ».
Nous ajouterons qu'il semble — sans y prétendre — servir
d'interprète, de modèle et de guide dans l'action, à une
part importante de l'épiscopat carolingien. Certains auteurs
d'ouvrages généraux sur le ixe siècle, suivant qu'ils rappellent — brièvement d'ailleurs — tel ou tel aspect de son rôle,
le classent trop sommairement, soit parmi les évêques de
cour fidèlement attachés à Louis le Pieux, soit dans le parti
des Grands ecclésiastiques politiciens en réaction contre le

---

(1) Cf. Loup de Ferrières, *Corresp. éd. et trad.* par Levillain,
p. 115, et surtout Levillain, *Bibl. Ec. Chartes*, t. LXII, p. 499 *sq.*
(2) *D. T. C.*, article *Jonas d'Orléans*, col. 1506.

gouvernement impérial. Outrés l'un et l'autre, ces deux points de vue opposés ne donnent pas une idée exacte de la position de Jonas. Ce que nous avons dit de sa vie nous autorise dès maintenant à voir en lui le représentant d'un groupe d'hommes d'Église prudents, modérés, « juste milieu » (1), pleins de loyalisme envers le pouvoir civil, mais surtout fermement attachés à leur sacerdoce, à ses prérogatives comme à ses devoirs.

Nous verrons plus loin dans quelle mesure les œuvres de Jonas permettent de confirmer cette conclusion.

---

(1) Dans ce groupe, peuvent se ranger Thégan, Modoin, Aiulf de Bourges, par exemple.

CHAPITRE II

L'ŒUVRE LITTÉRAIRE DE JONAS D'ORLÉANS (1)

Jonas n'aurait pas été comparé par Berthold à Homère et à Virgile si — comme beaucoup de ses contemporains — il n'avait cultivé la poésie avec une particulière dilection. Mais nous ne possédons plus de lui que des œuvres en prose, exception faite pour les treize vers qui terminent la lettre dédicatoire à Pépin d'Aquitaine (2) (où il fait une allusion mélancolique à l'habileté qu'il posséda dans la composition des vers métriques) et, peut-être (3), l'ode saphique dédiée à Louis le Pieux lorsque ce prince entra dans Orléans en 818.

De même que ses poèmes — ou, plus vraisemblablement, ses lettres poétiques, genre très cultivé à cette époque —, nous avons perdu plusieurs de ses œuvres en prose : d'après

---

(1) Nous n'avons pas à faire ici une analyse détaillée de toutes les œuvres de Jonas. Nous nous proposons simplement de donner une idée précise de l'importance de ses écrits et d'étayer notre appréciation d'ensemble sur la tournure et les préoccupations principales de son esprit.

(2) *Vid. infr.*, p. 131.

(3) MANITIUS, après avoir écrit que Jonas salua l'Empereur avec une ode saphique (*op. cit.*, p. 375) signale cependant qu'on ne doit pas rejeter l'opinion de Simpson attribuant ce poème à Friedegise (*ibid.*, p. 540). Cette ode se trouve dans *M. G. Poetæ latini ævi Carolini*, t. I (Dümmler), p. 529, n° 3.

d'anciens catalogues (1), il existait à Gorze, au xie siècle, un ouvrage dogmatique intitulé *Liber Jonæ episcopi contra perfidos*, dont la composition se rapportait sans doute à la querelle des images et que nous n'avons plus (2). Sont perdus également le Recueil de Sermons de notre auteur, que possédait encore au xiie siècle la Bibliothèque de Saint-Amand, ainsi qu'un *Ymnarius Ionæ episcopi* signalé comme existant au Monastère de Fulda, au xvie siècle (3).

Heureusement, il nous reste de l'activité littéraire de Jonas un certain nombre d'ouvrages, assez considérables pour qu'il soit possible de porter un jugement fondé sur notre auteur, et assez variés pour mettre en relief la diversité de ses aptitudes.

Nous ne parlerons pas spécialement ici des pièces émanant directement de conciles et dont Jonas fut le rédacteur : la plupart d'entre elles sont en rapport avec le *De Institutione Regia*, et nous les retrouverons en traitant de ce dernier.

Pour tous les écrits que nous connaissons, nous donnons de courtes notices rappelant — autant qu'il nous est possible de le faire — l'occasion, le but, le genre de l'ouvrage. Nous y ajoutons parfois une brève analyse, ainsi qu'une bibliographie dont certains éléments permettent de mieux juger de l'influence de Jonas.

I. — Vita sancti Hucberti et Historia translationis

Entreprise, comme nous l'avons indiqué plus haut, à la demande de Walcaud, évêque de Liége, à l'occasion de la translation des restes de saint Hubert, de l'Oratoire Saint-Pierre de Liége au Monastère d'Andain (825) (4), la *Vita*

---

(1) Nous donnons ces détails d'après Manitius (*op. cit.*, p. 378).

(2) Peut-être s'agissait-il simplement d'un manuscrit du *De Cultu Imaginum* ?

(3) Le manuscrit portait *Yprarius*. Cf. Manitius, *loc. cit.*

(4) *Vid. supr.*, p. 28.

Sancti Hucberti n'est qu'une refonte d'une *Vita* plus ancienne (du viiie siècle) écrite en un latin barbare dont les hommes de la Renaissance carolingienne avaient peine à s'accommoder. Tout en s'excusant avec modestie d'entreprendre une telle revision, Jonas fait un ouvrage excellent (1). Il compose aussi une *Historia translationis Sancti Hucberti episcopi Tungrensis*, courte relation où nous recueillerons quelques passages touchant ses idées politiques. Publiée par Mabillon dans les *Acta Sanctorum Ordinis S. Benedicti* (2) et reproduite par Migne (3), l'*Historia translationis* a été rééditée dans les *Acta Sanctorum* à la suite de la *Vita*. Cette dernière n'avait été publiée auparavant que par le jésuite Jean Robert (5).

II. — De Institutione Laicali

Le *De Institutione Laicali* est un ouvrage de circonstance écrit, après bien des hésitations (5), pour satisfaire à la demande de Matfrid, qui avait prié Jonas de l'éclairer sur les devoirs de l'état conjugal. Le contenu du traité déborde de beaucoup le programme fixé par Matfrid : il n'y est question du mariage que dans les seize premiers chapitres du deuxième livre, tandis que l'ouvrage comprend trois livres, d'ailleurs arbitrairement composés et qui ne manquent pas de répétitions. Amelung (6) propose de le diviser ainsi :

Introduction. — Postulats de la morale chrétienne : ch. I, 1-10.

Corps de l'ouvrage. — Pratique de cette morale : I, 11 à III, 10.

---

(1) Jonas, *Vita S. Hucberti*, dans *Acta Sanctorum*, novembre, t. I, 1887, p. 806 à 816.
(2) T. V, p. 278 *sq.*
(3) *P. L.*, t. CVI, col. 389 à 395.
(4) D'après un manuscrit du ixe s. — Cf. Manitius, *op. cit.*, p. 380.
(5) Jonas, *De Inst. Laic.*, Praefat., dans *P. L.*, t. CVI, col. 122 *sq.*
(6) Amelung, *op. cit.*, p. 48 *sq.*

Conclusion. — Exhortation à observer la morale chrétienne, avec considérations sur la mort et le jugement : III, 10 à XI, 20.

Luc d'Achery passait jadis pour le premier éditeur du *De Institutione Laicali* ; mais l'ouvrage, « tiré de la poussière » en 1602 par Dom Antoine Grimbert, bibliothécaire de l'Abbaye de Saint-Amand (1), fut en premier lieu édité à Douai, en 1645 (2). C'est seulement en 1665 que Luc d'Achery le publia, d'après un manuscrit de Corbie alors vieux de 500 ans (3), au début du premier volume de la première édition de son Spicilège ; à la fin du treizième volume, il ajouta, d'après un manuscrit plus correct et plus complet (4), signalé par Pierre Sauret, des variantes et des additions considérables. L'édition « nouvelle » du Spicilège et la Patrologie latine reproduisent cette version corrigée (5). Une partie du *De Institutione Laicali* fut insérée également dans les Statuts synodaux du diocèse d'Orléans imprimés en 1664 par ordre de Mgr Alfonse d'Elbène.

Enfin, l'épître dédicatoire à Matfrid figure séparément dans les *Monumenta Germaniæ* (6).

L'*Histoire littéraire* énumère les divers titres sous lesquels on trouve l'ouvrage latin dans les catalogues (7) ; quant à la

---

(1) Sur l'ordre de Herbert de Durse. Cf. *Hist. litt.*, t. V, p. 23 et CEILLIER, *op. cit.*, p. 639.

(2) *Vita recta et antiqua, sive Qualiter omnes homines vitam Deo placitam ducere oporteat, opus... compositum a Jona, episcopo aurelianensi... nunc demum et pervetusto ms. codice bibliothecæ monasterii elnonensis, vulgo S. Amandi in Pabula, bono publico datum* (curavit D. Ildephonsus Goethghebuer). — Duaci, typis J. de Spira, 1645 (in-8, XVI, 368 pages et un index).

(3) *Hist. litt.*, t. V, p. 24.

(4) Manuscrit des Carmes déch. de Clermont. Cf. D'ACHERY, *Spic.*, 1ʳᵉ éd. (1661), t. XIII, p. 215.

(5) *Spic.*, éd. 1723, I, 258 sq. et *P. L.*, t. CVI, col. 122 à 278.

(6) *M. G. Hist., Epist. Karolini ævi*, t. III, p. 346, 347.

(7) *Jonæ episcopi Aurelianensis via recta, sive Libri tres Institutionum Laicalium. — Qualiter Homines Deo Vitam placitam ducere oportet. — Via recta et antiqua.* (*Hist. litt.*, t. V, p. 25).

traduction française, publiée sur l'ordre d'Alfonse d'Elbène, par Dom Joseph Mège en 1661, et qui eut une seconde édition en 1664, elle est intitulée : « La morale chrestienne fondée sur l'Écriture Sainte et expliquée par les Saints Pères... » (1).

Nous parlerons assez longuement du *De Institutione Laicali* au chapitre III, en raison des points de contact qu'il présente avec le *De Institutione Regia*. Bornons-nous à signaler qu'avec le *De Cultu Imaginum*, dont il sera également question plus loin, c'est l'ouvrage le plus connu de Jonas. Il est, comme nous en avertit l'auteur, composé des vérités formulées par Dieu lui-même dans les Saintes Écritures et expliquées avec ornement par la plume éloquente des Saints Pères (2). Toutefois, Jonas a inséré dans cette mosaïque de citations des vues originales et personnelles, ainsi que certains traits précieux pour l'histoire du temps (3). Dans cette œuvre, plus pastorale que théologique, il se montre directeur de conscience éclairé et ferme, hanté par l'idéal des premiers chrétiens, qu'il oppose aux hommes du IXe siècle. Pour reproduire l'excellente appréciation de M. Amann, « à une époque où les mœurs sont encore bien rudes et bien grossières, il sait, en des termes chaleureux, parler de la morale évangélique, la prêcher aux puissants si enclins à l'oublier, en mettre les prescriptions bien au-dessus de la loi civile où les hommes trouvent de faciles justifications de leurs méfaits (4). »

---

(1) 1re édition, Paris, C. Savreux, 1661 (in-8, XVI - 586 p.).
2e édition, *ibid.*, 1664 (in-8, XVI, 591 p.).
(2) Jonas, *De Inst. Laic.*, Præf., dans *P. L.*, t. CVI, col. 123.
(3) Notamment en ce qui concerne la pénitence publique, l'administration des Sacrements, les biens d'Église, etc. Notons, par exemple, que Jonas se sert de trois textes présentés par Isidore (*De Offic.*, II, 27 dans *P. L.*, t. LXXXIII, col. 824 et *sq.*) pour appuyer un point qui n'était pas en question au début du VIIe siècle : la Confirmation donnée aussitôt après le Baptême.
(4) *D. T. C.*, art. *Jonas d'Orléans*, col. 150.

III. — De Institutione Regia

Le *De Institutione Regia* (précédé d'une épître dédicatoire) a été publié pour la première fois en 1661 par d'Achery, qui lui donna son titre (1), dans l'édition originale du Spicilège (t. V, p. 57 *sq.*) puis réédité dans l'édition « nouvelle » de cet ouvrage (t. I, col. 324 *sq.*) en 1723, et dans la Patrologie latine (t. CVI, col. 279 à 306). On les trouve aussi reproduits à la suite de « La Géographie Royalle présentée au Tres-chretien Roy de France et de Navarre Lovys XIV, par le P. Philippe Labbe, de la Compagnie de Jesus » (dernière édition — chez Jean Henault — 1662) et après cette introduction assez pittoresque : « Suivent les estreines royalles présentées au Roy par un grand et ancien evesque de France » (2).

Les éditeurs se réfèrent à deux manuscrits. L'un, donné comme étant du Xe siècle, existe encore à la Bibliothèque des Chanoines de Saint-Pierre de Rome (cote D. 168). Il avait été signalé par Emery Bigot (3) à d'Achery, qui l'utilisa dans la première édition du Spicilège. L'autre, dit Codex d'Orléans, découvert par Baluze, fut mis à profit dans l'édition « nouvelle » du Spicilège, que reproduit la Patrologie latine. Le second de ces manuscrits, aujourd'hui perdu, ne contenait qu'une partie du texte (4).

Comme le *De Institutione Laicali*, le *De Institutione Regia*

---

(1) Les *Hist. de Fr.* donnent comme titre *De Institutione Regis* (p. 351, n. a.).

(2) Nous reproduisons le titre : *Ludovico XIV - Franc. et Navarr. Regi Christianissimo XENIA VERE'REGIA : - REGIS CHRISTIANI - INSTITUTIO - Auctore IONA Aurelia Ep. - AD PIPPINUM AQUIT REGEM - Edita primum è N. S. Codice, - Opera R. P. Philippe Labbe BIT, S. I. I. Parisiis, apud JOANNEM HENAULT, etc...* 1662.
Les autres éditions de la *Géogr. Royalle* que nous avons pu consulter ne possèdent pas cet appendice.

(3) *Hist. litt.*, V, 27.

(4) *V. infr.*, p. 121 et 154, n. (a).

fut traduit en français au xviie siècle. Le traducteur, Desmares, intitula l'ouvrage « Institution d'un roi chrétien » (1) et le publia à Paris en 1662.

L'édition « nouvelle » du Spicilège et la Patrologie latine ne donnent pas en un seul morceau le *De Institutione Regia* : pour les textes communs, elles renvoient, parfois incorrectement d'ailleurs, au *De Institutione Laicali*.

L'Épitre dédicatoire figure séparément dans les *Monumenta Germaniæ* (2).

IV. — DE CULTU IMAGINUM

L'œuvre de Jonas la plus anciennement éditée et la plus souvent reproduite est sans contredit le *De Cultu Imaginum*. La première édition connue est celle de Cologne (petit in-24 séparé) et remonte à 1554. En cette même année 1554, l'ouvrage fut incorporé par les Orthodoxographes (Bâle-Petri) ; nous en connaissons une autre édition de Bâle (editio amplissima, 1569) ; citons également celle d'Anvers (Plantin, petit vol. in-18 séparé, 1565) ; celle de Margarin de la Bigne dans sa Bibliothèque des Pères (t. V, p. 593-662, année 1575), réimprimée à Cologne et à Lyon, et l'édition séparée parue à Anvers en 1645 (in-16). Migne le donne à la suite du *De Institutione Regia* (t. CVI, col. 307 à 388) avec une lettre dédicatoire à Charles le Chauve (col. 305 à 308). Cette dernière a été récemment rééditée par les *Monumenta Germaniæ* (3).

Nous avons rappelé brièvement, plus haut, les conditions dans lesquelles fut composé le *De Cultu Imaginum*. C'est

---

(1) *Instruction d'un roi chrétien* par Jonas, évêque d'Orléans, au roi Pépin (*Hist. litt.*, V, p. 27). Nous n'avons pu mettre la main sur cette traduction qui, d'après l'*Hist. litt.*, a été éditée chez Louis Billaine, in-8.

(2) *M. G. Hist., Epist. Karol. ævi.*, t. III, p. 249 à 353.

(3) Nous ne connaissons plus de manuscrit du *De Cultu*. Baluze dit en avoir vu un, dédicacé à Charles le Chauve, et qui était peut-être l'original.

l'ouvrage le plus personnel de Jonas. Les passages patristiques y sont plus rares que dans les autres, bien que l'auteur ait pour dessein principal de confronter Claude de Turin avec la tradition. Il y fait usage de l'érudition profane, et y cite plusieurs auteurs païens.

Avant Jonas, Dungal et Théodemir avaient réfuté Claude de Turin. L'évêque d'Orléans ne cite pas le premier ; mais il se réfère souvent au second. Sa réfutation porte, non sur les ouvrages mêmes de son adversaire, qu'il ne possède pas, mais sur des extraits qui lui ont été remis par Louis le Pieux (1).

Dans le premier livre du *De Cultu*, Jonas montre qu'en repoussant le culte des saints, Claude s'est opposé aux anciennes coutumes ; dans le deuxième, il justifie le culte de la Croix ; dans le troisième, enfin, il prend la défense des pèlerinages.

Nous aurons à revenir sur quelques passages du *De Cultu Imaginum*. Rappelons simplement ici que, tout en se réclamant de la tradition patristique, notre polémiste suit une *via media* qui n'est pas toujours si éloignée qu'il le faudrait des positions de Claude de Turin, et au sujet de laquelle Bellarmin fit plus tard de justes réserves (2).

Il est difficile de fixer l'année où fut achevé cet ouvrage ; c'est certainement, en tout cas, après 840, puisque la dédicace en fut faite à Charles le Chauve, empereur.

V. — De Rebus Ecclesiasticis non invadendis (?)

En 1898, M. A. Salmon découvrait à la Bibliothèque du Tribunal de Beauvais un manuscrit du ixe ou du début du xe siècle, intitulé *De rebus ecclesiasticis non invadendis*

---

(1) Jonas, *De Cultu*, P. L., CVI, col. 306 c.
(2) Bellarmin, *De Script. eccles.* (1657), p. 188 : ...*auctor caute legendus est quoniam laborat eodem errore quo Agobardus et reliqui ejus ætatis Galli*...

Jonas Aurelianensis episcopi libri tres ad Pippinum (1), non cité par l'*Histoire littéraire* parmi les œuvres de Jonas. Il s'agit de la remontrance adressée à Pépin par le Concile tenu à Aix en 837, pour le rappeler au respect de la propriété ecclésiastique, et dont nous avons parlé plus haut. La double forme sous laquelle nous est parvenu cet ouvrage ne laisse pas que d'être embarrassante à expliquer, non plus que les titres différents portés sur les manuscrits (2). Mais il ne semble guère discutable que Jonas soit le rédacteur du double document. Werminghoff a donné de ce dernier une édition critique, dans les *Monumenta Germaniæ* (3).

Telles sont les œuvres de Jonas qui nous sont actuellement connues. Elles témoignent toutes d'un grand attachement à la tradition, et se présentent généralement sous forme de chaînes. On y voit aussi les traces d'un effort de renouvellement intellectuel et surtout de « réforme » morale. Signalons enfin que leur style est correct, avec de ci, de là, une pointe d'originalité assez savoureuse (4).

Manitius remarque que les ouvrages de Jonas sont rarement mentionnés dans les anciens catalogues, et il en conclut qu'ils n'eurent pas une grande diffusion. Ce que nous avons dit au chapitre Ier du rôle de l'évêque d'Orléans et la bibliographie que nous venons d'établir, montrent qu'il ne faudrait pas exagérer dans le sens de l'auteur allemand et que, après avoir eu une sérieuse influence de son temps,

---

(1) Cf. *Revue des Bibliothèques*, 8ᵉ année, nº 1 et 2, février 1898 : *Notice sur les manuscrits de la Bibl. du Tribunal de Beauvais*, p. 362 sq. et appendice I : *Un traité de Jonas, évêque d'Orléans*, p. 367 sq.

(2) Le manuscrit de Metz (qui appartient, comme celui de Beauvais, à la recension où ne figurent pas les noms d'Aldric et d'Herchinrad) a pour titre *Libellus de religione oblationum*.

(3) *M. G. H. Conc. æv. Karol.*, II, p. 724-767.

(4) Il y aurait une intéressante étude à faire sur le vocabulaire de Jonas. Signalons, par exemple, le grand usage qu'il fait de certaines particules (*immo*, entr'autres) et qui nous a aidé pour l'établissement du texte critique.

Jonas jouit par la suite, et jusqu'au xviie siècle, d'une certaine réputation comme théologien, moraliste et écrivain politique. Que les Statuts synodaux du diocèse d'Orléans publiés par Mgr d'Elbène en 1664 comportent de larges extraits du *De Institutione Laicali*, cela peut s'expliquer par des considérations locales. Mais le fait que les deux *Institutions* ont été éditées plusieurs fois au xviie siècle et traduites en français (avec deuxième édition pour le *De Institutione Laicali*), comme aussi certaines références de Nicole à Jonas (1), montrent bien que l'œuvre de notre auteur eut une influence sérieuse et prolongée. Il est possible qu'au xviie siècle, dans les discussions soulevées par le Gallicanisme, on ait tenté de tirer parti du *De Institutione Regia*. Bossuet termine précisément sa « Politique tirée de l'Écriture Sainte » par le texte de Saint Augustin sur lequel s'achève le traité de Jonas (2). Cela peut très bien n'être qu'une simple coïncidence. Mais la traduction du *De Institutione Regia* par Desmares et la présentation de l'œuvre latine à Louis XIV par le P. Labbe suffisent pour autoriser à formuler cette hypothèse : qu'au moment où Dom Mège et Nicole utilisaient Jonas moraliste, certains de leurs contemporains ont pu mettre à profit Jonas écrivain politique.

---

(1) Cf. Nicole, *Refutationes*, Paris, 1695, p. 335, 336, et *Traité de l'Oraison*, Paris, 1679, p. 488-489 (cit. par Bremond, *Histoire littéraire du sentiment religieux*, t. IV, p. 548 et 569).
(2) S. Aug., *De Civ. Dei*, V, 24 (*v. infr.*, p. 193).

CHAPITRE III

LE « DE INSTITUTIONE REGIA »

I. — Son histoire

Nous avons dit que le *De Institutione Regia* présente de nombreuses parties communes avec le *De Institutione Laicali* et les Actes du Concile de Paris (juin 829), ainsi qu'avec les documents émanés des Synodes de Worms (août 829) et d'Aix-la-Chapelle (837). Laissant de côté ces derniers documents, qui dérivent du Concile de Paris (1), nous avons à préciser les relations qui existent entre les deux traités et le Concile.

---

(1) Textes dans *M. G. Hist., Leg., Capitularia reg. francor.*, II (Boretius-Krause), 1897, p. 1 *sq.*, pour Worms, et dans *M. G. Hist., Leg., Concil. æv. Karol.*, I, p. II (Werminghoff), 1908, p. 605 *sq.*, pour Aix. — Cf. dans Werminghoff l'indication des nombreuses parties communes aux divers documents. — Cf. également Héfélé-Leclercq, *op. cit.*, p. 76 *sq.* (Worms) et 93 *sq.* (Aix).

La comparaison entre le *De Institutione Regia* et les Actes de Paris peut être résumée dans le tableau suivant :

\multicolumn{2}{c}{Références}	
De Instit. Regia	Concile de Paris (1)	Comparaison
Ch. I	L. I ch. II et III	Identité substantielle, mais la rédaction du Concile est plus développée (2).
Ch. II	L. III ch. VIII	Identité substantielle, mais la rédaction du Concile est plus brève (3).
Ch. III	L. II ch. I	Identité sauf deux variantes, l'une portant sur quelques mots seulement (4), l'autre un peu plus considérable (5).
Ch. IV	L. II ch. II	Identité.
Ch. V	L. II ch. III	Identité.
Ch. VI	L. II ch. IV	Identité.
Ch. VII	L. II ch. V	Identité.
Ch. VIII	L. II ch. VIII	Identité, sauf une inversion insignifiante et une légère différence entre les titres (6).

---

(1) Textes relatifs au Concile de Paris : *M. G. Hist., Leg. Concil. æv. Karol.*, I, II, 596-680 et Mansi, *Conc.*, XIV, 529-606.

(2) Le ch. III du Concile débute ainsi : *Primum igitur, quod universalis sancta Dei ecclesia unum corpus...* et donne trois citations relatives au Corps mystique (I *Cor.*, XII ; *Rom.*, XII, 4 : *Coloss.*, II, 19). Le mot *unum* (qui figure également au titre du chapitre III) manque dans le Traité, ainsi que les trois textes pauliniens.

(3) Elle comporte cependant les mêmes citations scripturaires et se termine sur la déclaration attribuée à Constantin (*v. infra*, p. 137). Amelung n'a pas signalé ce parallélisme. — Cf. *M. G. H.* (Verminghoff), *op. cit.*, p. 673.

(4) Cette variante, quoique portant sur peu de mots, présente de l'intérêt. La citation (implicite) d'Isidore, atténuée comme rigueur de termes dans le traité (*v. infr.*, p. 138) est ainsi donnée dans les Actes :
« *Si his caruerit, non rex, sed tyrannus est.* »

(5) Le texte qui introduit la citation des *Abusiva* est plus développé, plus clair, plus didactique, dans le Traité que dans le Concile.

(6) *V. infr.*, p. 157, note a.

Références

De instit. Regia	Concile de Paris (2)	Comparaison
Ch. IX	L. II ch. VI	Identité, sauf une différence insignifiante entre les titres et une longue citation (*I*ª. *Io*. IV, 9-16) donnée dans le Traité et dont les Actes ne contiennent que quelques mots (1).
Ch. X	L. II ch. IX	Identité, sauf légères différences dans les titres (2).
Ch. XI	L. II ch. VII	Identité, sauf quelques variantes sans importance.
Ch. XII	L. II ch. X	Identité.
Ch. XIII	L. II ch. XI	Variantes sans importance.
Ch. XIV	L. II ch. XII	Identité.
Ch. XV	L. II ch. XIII	Variante sans importance.
Ch. XVI	L. III ch. XIX et XX	Identité substantielle. Le début du chapitre XIX du livre III des Actes manque dans le Traité.
Ch. XVII		N'a pas de correspondant dans les Actes.

On voit qu'il y a identité à peu près complète — mais avec un ordre très différent — entre les treize premiers chapitres du 2ᵉ livre des Actes de Paris et les chapitres III à XV inclus du *De Institutione Regia*; que ce dernier traité débute par un chapitre existant en substance dans les 2ᵉ et 3ᵉ chapitres du 1ᵉʳ livre des Actes; que ses chapitres II et XVI ont également beaucoup de ressemblance avec les chapitres VIII, XIX et XX du 3ᵉ livre des Actes (*Epistola episcoporum*), et qu'enfin il possède en propre (outre l'Épître dédicatoire) le chapitre XVII, auxquel rien ne correspond dans les Actes de Paris.

Si maintenant, nous mettons en parallèle les deux *Institutions*, nous voyons ceci :

---

(1) La citation dans les Actes se réduit à : *Deus caritas est; et qui manet in caritate in Deo manet et Deus in eo*.
(2) Les Actes portent *præceptorum* où le traité donne *mandatorum*.

Le chapitre II du *De Institutione Regia* roule sur le même thème que le chapitre XXI du premier livre du *De Institutione Laicali*, mais il est plus complet à la fois et plus condensé (1).

Son chapitre XI est tout entier compris dans le chapitre XXII du 1ᵉʳ livre du *De Institutione Laicali*, beaucoup plus étendu que lui.

Son chapitre XII est tout entier compris dans *De Institutione Laicali*, I, XIX, plus étendu que lui (2).

Ses chapitres XIII et XIV sont respectivement identiques à *De Institutione Laicali*, I, XI ; I, XIII ; I, XIV.

Son chapitre XV est identique quant au sens à *De Institutione Laicali*, I, XIV, mais un peu moins long (3).

En rapprochant ces constatations, on saisit aisément l'étroite dépendance mutuelle des trois textes. Et alors une question se pose : quel est le texte original ?

Le premier, Luc d'Achery a proposé une solution à ce problème. Pour lui, le Concile serait postérieur au *De Institutione Regia*, lequel aurait été écrit en 827-828 et incorporé ensuite partiellement dans les Actes, soit sur l'ordre formel des Pères, soit sur l'initiative de Jonas lui-même, qui, selon l'avis unanime des historiens, fut chargé de rédiger les résolutions de l'Assemblée. L'auteur du Spicilège ne parle pas à ce point de vue du *De Institutione Laicali*, mais les arguments qu'il donne sont également applicables à cet ouvrage.

Pendant longtemps, l'opinion de Luc d'Achery ne fut pas mise en question. Les premiers, Waitz (4) (en ce qui

---

(1) Le *De I. L.* comporte en plus un commentaire hyeronymien et un commentaire grégorien — Cf. *P. L.*, t. CVI, col. 212.

(2) Le *De I. L.* compte en plus plusieurs citations scripturaires (*P. L.*, t. CVI, col. 158 *sq.*).

(3) Le *De I. L.* donne en plus une citation de S. Jean Chrysostome (*P. L.*, t. CVI, col. 150). A signaler que les citations scripturaires du *De I. L.* sont généralement empruntées non aux mêmes Livres Saints que celles du *De I. R.*, mais aux textes parallèles.

(4) Waitz, *Deutsche Verfassungsgesh*, 1ʳᵉ éd., vol. 3, p. 226, note 2.

concerne le *De Institutione Regia* seulement), puis Simson (1) (pour les deux traités), adoptèrent des vues opposées. Pour Simson, les deux traités sont postérieurs au Concile. D'ailleurs, en reproduisant dans ces traités certains passages des textes conciliaires rédigés par lui, Jonas ne faisait, dit cet auteur, que reprendre son bien.

Amelung tient également pour l'antériorité du Concile par rapport au *De Institutione Regia*, mais il juge que le Concile est, au contraire, postérieur au *De Institutione Laicali*. Sur le premier point, nous résumons son argumentation (2).

Au chapitre XVI du traité, Jonas écrit à Pépin d'Aquitaine : *Nam et in hoc obnixe deprecamur, ut in observatione diei Dominici, sicuti dudum genitorem vestrum admonendo deprecati sumus, debitam adhibeatis curam*, tandis que le Concile disait (Actes de Paris, III, 19, 20) : *nam et obnixe deprecamur, ut in observatione diei Dominici, sicut iam dudum vos deprecati sumus, debitam adhibeatis curam*. La comparaison de ces deux textes paraît faire ressortir avec évidence l'antériorité du Concile. On peut constater que la transposition exigée par le changement de destinataire n'a été faite que partiellement : *vos* des Actes devient *genitorem vestrum* dans le traité, et cela est correct ; mais, par contre, la particule *nam*, qui s'explique dans les Actes, où elle fait liaison, a été conservée par erreur dans le traité, où elle commence un chapitre et n'a plus d'utilité.

D'autre part, la fin du 2ᵉ chapitre du *De Institutione Regia* (3), en renvoyant à d'autres écrits, relatifs aux devoirs du Sacerdoce, semble bien se référer au 1ᵉʳ livre des Actes conciliaires consacré à ce même sujet, et constitue encore une sérieuse présomption en faveur de la priorité de ces derniers.

---

(1) Simson, *Iahrbücher des frankischen Reichs unter Ludwig dem Frommen*, Leipzig, 1874-1876, 2ᵉ éd., vol. 3, p. 264, n. 1.
(2) Amelung, *op. cit.*, p. 40 *sq.*
(3) *Vide infr.*, p. 137 : *Qualis porro vita et actio sacerdotum esse debeat... alibi a sanctis et venerabilibus doctoribus satis expressum est.*

Enfin, l'allusion faite par l'Épître dédicatoire à une « *dehonoratio* » subie par Louis le Pieux « l'année précédente » (1) ne peut guère s'appliquer à l'année 828, ni aux années immédiatement antérieures, au cours desquelles l'Empire ne fut pas particulièrement troublé.

Quant à la difficulté soulevée par d'Achery (2) concernant l'indélicatesse qu'il y aurait eu à dédier au roi d'Aquitaine un ouvrage copié en grande partie sur les Actes d'un Synode, l'hypothèse, universellement adoptée, d'après laquelle Jonas fut rédacteur de ces Actes, lui ôte toute son importance. En admettant que Pépin ait connu les Actes et leur rédacteur, il ne devait pas s'étonner de recevoir, sous la signature de ce dernier, complétée d'ailleurs et ordonnée en « traité », comme nous l'avons dit plus haut, la partie de ces Actes concernant les devoirs du roi.

Nous faisons donc notre la thèse d'Amelung sur l'antériorité du Concile. Mais, par contre, nous hésitons à suivre le savant historien lorsqu'il dit que l'évêque d'Orléans vise les événements de 833, et que par conséquent l'Epître aurait été écrite en 834. Nous inclinons plutôt à croire qu'il s'agit de la première révolte, celle qui aboutit aux incidents de Verberie et de Compiègne en 830, et que la date de composition doit être ramenée à 831 (3).

Dans l'Épître, en effet, Jonas félicite Pépin d'avoir douloureusement ressenti l'injure faite à son père, et d'avoir

---

(1) *Vide infr.*, p. 128.
(2) *Spicil.*, 1ʳᵉ édit., t. V, p. 9.
(3) Pour Amelung (*op. cit.*, p. 42), Jonas aurait adroitement profité de la réconciliation survenue en 834 entre Louis et Pépin pour renouer avec ce dernier. Dans sa lettre dédicatoire, ajoute-t-il, l'évêque d'Orléans n'hésite pas à reconnaître le roi d'Aquitaine comme son souverain légitime. Le texte invoqué par l'historien allemand (*quippe cum vestræ potestati... debui obsecundare ei quoquomodo...* Vide infr., p. 123) ne nous semble pas comporter un tel sens. Nous y voyons plutôt une déclaration de forme, se référant surtout au passé. Au reste, l'argument que K. Amelung tire de la réconciliation de 834 vaut aussi bien pour celle de 831. Ces accalmies furent d'ailleurs, l'une et l'autre précaires.

montré sa piété envers lui (1). Ces compliments peuvent encore se comprendre après l'affaire de Verberie, relativement peu grave et dans laquelle de bons esprits, comme Dareste (2), voient un jeu périlleux, une manifestation hostile faite pour intimider l'Empereur, plutôt qu'une révolte caractérisée. Bien que Pépin ne manquât pas de responsabilité dans cet événement, comme il s'était repenti, il pouvait sembler adroit de passer l'éponge sur ses torts. Au contraire, si grande qu'on suppose la charité de l'évêque d'Orléans, si large qu'on fasse la part à sa diplomatie, il semble difficile d'admettre, comme le veut Amelung, qu'il ait écrit son épître après l'affaire du « Champ du Mensonge », si grave, si douloureuse, si attentatoire à la dignité impériale, et qu'il ait pu garder un ton si débonnaire vis-à-vis d'un révolté récidiviste. On sait, d'autre part, que vers l'automne 831, Pépin d'Aquitaine, déjà lassé de quelques mois de calme, recommença à s'agiter. L'occasion d'intervenir pouvait paraître excellente à l'évêque d'Orléans.

Pour ces raisons, tout en faisant nôtres les arguments rassemblés par Amelung en faveur de la priorité du Concile, nous penchons vers l'adoption de l'année 831 comme date de la composition du *De Institutione Regia* (3). Certains faits parallèles semblent d'ailleurs, par leur analogie avec le geste de Jonas, donner un surcroit de probabilité à notre opinion : à savoir, d'une part, la demande d'Eginhard écrivant à Lothaire, vers 830, pour l'adjurer de ne pas troubler la paix de l'empire (4), et, d'autre part, l'envoi fait

---

(1) *Vid. infr.*, p. 127, 128.
(2) Dareste, *Hist. de France*, t. I, p. 403.
(3) « Cet opuscule, dit M. Prou (*op. cit.*, p. XXVI) en parlant du *De I. R.*, n'a... été adressé à Pépin qu'après la déposition de 830, et avant celle de 833 ». Nous avouons d'ailleurs ne pas saisir comment, au même endroit, le savant historien voit une indication sur les rapports du concile et du traité dans le dernier paragraphe de l'épître dédicatoire : *restant... ponuntur* (*v. infr.*, p. 130).
(4) L'analogie serait complète si la lettre d'Eginhard à Lothaire n'était un peu antérieure au *De I. R.* (cf. Marg. Bondois, *La Translation des SS. Marcellin et Pierre*, p. 100 et n. 4). Il semble bien qu'Egin-

par Jonas à Pépin, *peu de temps* après le Concile d'Aix (837), du *De rebus ecclesiasticis non invadendis* (1).

En raison de la dépendance mutuelle des deux « Institutions », il n'est peut-être pas inutile de chercher à nous faire une opinion sur la date à laquelle a été composé le *De Institutione Laicali*. Nous nous trouvons également sur ce point en présence de thèses opposées.

Simson (2) voit dans le *De Institutione Laicali* une partie des Actes conciliaires, qui en aurait été tirée à l'usage de Matfrid, de même que le *De Institutione Regia*, à l'usage du roi d'Aquitaine. Il s'appuie surtout sur ce fait que les Actes font allusion à un fragment d'ouvrage sorti du Synode, et qui ne serait autre que le 2ᵉ livre du *De Institutione Laicali* (3).

Ebert (4) propose une solution moyenne : pour lui, Jonas, aurait d'abord composé pour Matfrid le 2ᵉ livre du *De Institutione Laicali*, consacré en grande partie aux devoirs conjugaux. Puis, il l'aurait fait approuver par le Concile (et ce serait le fragment « perdu » des Actes) et l'aurait complété après coup, en se servant des Actes, de façon à en faire un « Miroir des laïques » au lieu d'un simple « Miroir du Mariage ».

---

hard ait voulu prévenir la révolte de 830, et non pas, comme Jonas, en empêcher le retour. Mais on peut penser qu'Eginhard avait plus de facilités pour écrire à Lothaire que Jonas pour conseiller Pépin, dont il s'était séparé depuis longtemps et dans les conditions que nous avons rappelées.

(1) *V. supra*, p. 44. Comme nous, Kessel (*Kirchenlexicon, loc. cit.*) préfère la date de 831 à celle de 834. Il base son opinion sur cette remarque, que dans la seconde hypothèse, il faudrait supposer que pendant 5 années (de 829 à 834) les Actes synodaux restèrent ignorés — ce qu'il déclare peu probable.

(2) Simson, *op. cit.*, p. 283.

(3) M. G., *Hist. Concil. æv. Karol.*, I, II : *congessimus etiam in opere conventus nostri nonnulla alia capitula ad vestram fideliumque vestrorum observationem et salutem pertinentia, quorum hic omissa prolixitate mentionem tantum facimus.* L'énumération jointe à cette remarque correspond généralement aux titres des chapitres du livre II du traité.

Cf. Héfélé-Leclercq, *Hist. des Conc.*, IV, 63.

(4) Ebert, *Litter. des Mittelalters*, Leipzig, 1880, II, 229.

Amelung rejette ces deux opinions. Il estime que Jonas n'a pu adresser son ouvrage à Matfrid qu'avant la révolte de ce dernier, c'est-à-dire avant 829. Après le Synode, affirme-t-il, l'évêque d'Orléans n'eût pas écrit à un chef des factieux — son diocésain, et qui se comportait vis-à-vis de l'Église avec autant de désinvolture qu'à l'égard de l'Empereur — sans le réprimander et l'exhorter au repentir avec sa loyauté et sa vigueur coutumières. D'ailleurs, fait-il remarquer, Jonas signale (1) que, se jugeant incompétent, il a longtemps hésité avant de répondre au vœu de Matfrid (lequel se rapportait uniquement aux devoirs de l'état matrimonial), et cette réserve ne cadre pas très bien avec l'hypothèse d'un emprunt, même partiel, à des Actes déjà rédigés.

Au surplus, la comparaison de certains passages du *De Institutione Laicali* avec les textes parallèles des *Actes*, crée une forte présomption en faveur de l'antériorité du traité (2).

Il est vrai, par contre, que l'évêque d'Orléans adresse le *De Institutione Laicali* à Matfrid sans donner à ce dernier le titre de Comte (3). Mais cela ne prouve pas de façon péremptoire qu'à l'époque où l'envoi a été fait Matfrid fût déjà destitué ; Amelung fait remarquer que Jonas ne s'intitule pas lui-même évêque, et qu'au surplus la dédicace consiste simplement en une bénédiction dont le genre même échappe un peu aux formes protocolaires.

---

(1) Jonas, *De Inst. Laic.*, dans *P. L.*, t. XVI, col. 123 b.

(2) Amelung compare, en particulier, *Actes*, II, 7, avec *De I. L.*, I, XX, et montre que ce dernier, plus homogène, donne mieux l'impression de l'original (*op. cit.*, p. 47 et 48). Ce sont surtout ces considérations critiques qui nous font rejeter l'hypothèse d'Ébert. Car cette dernière cadrerait bien avec les faits. Quoi de plus admissible, en effet, que la rédaction par Jonas d'un « Miroir du mariage », qu'il aurait retenu au moment de la rébellion de Matfrid, puis finalement envoyé, après des hésitations, à l'ex-comte temporairement réinstallé à Orléans (830-831) en complétant son premier ouvrage par des considérations étrangères au mariage, mais dont le révolté, même un peu assagi, devait avoir besoin ?

(3) Jonas, *De Inst. Laic.*, dans *P. L.*, t. CVI, col. 121 d. — Mège, dans sa traduction, introduit le titre de comte.

Amelung conclut à l'antériorité du traité, dont la partie relative à la morale conjugale aurait été approuvée après-coup par le Concile, et dont les chapitres XIX et XX du 1er livre auraient été résumés dans les Actes.

Il y a bien quelque difficulté à admettre que Jonas ait composé pour Matfrid un traité dépassant de beaucoup la demande qui lui avait été adressée. D'autre part, on peut s'étonner qu'un Synode comme celui de Paris ait fait sien un écrit de Jonas, homme de second plan tout compte fait. Mais cette dernière objection — qui serait sérieuse s'il s'agissait du *De Institutione Regia*, dont le texte presque tout entier se retrouve dans les Actes — perd beaucoup de son importance en ce qui concerne le *De Institutione Laicali*, dont une assez petite part seulement lui est commune avec les Actes. Elle est encore atténuée par la nature des morceaux communs, constitués, pour la plupart, par des citations qui les rendent relativement peu personnels.

En fin de compte, nous souscririons plutôt à l'opinion d'Amelung qu'à celle de ses devanciers.

II. — Sa Composition

Le *De Institutione Regia* est donc, nous semble-t-il, une œuvre composée en 831. Désireux d'éviter le retour de divisions dont le pays, l'Empereur et l'Église venaient de souffrir, Jonas s'adresse à son ancien roi, Pépin d'Aquitaine, pour l'exhorter à accomplir son devoir de prince chrétien. Ce devoir, il l'a déjà formulé lui-même — selon toutes probabilités — dans le livre II des Actes du Concile de Paris, et il lui suffira de transformer en traité cette œuvre de circonstance. Dans un premier chapitre d'introduction, il posera les principes fondamentaux des pouvoirs qui régissent la société chrétienne. Puis, comme dès le début s'avère la dualité de ces pouvoirs — pouvoir civil, pouvoir ecclésiastique — et que la simple définition de la raison d'être des deux puissances fait ressortir la précellence du pouvoir sacerdotal, il rappellera brièvement (ch. II) ce qu'est l'autorité du Sacerdoce, sans se préoccuper d'en préciser les devoirs. A ce moment, il pourra utilement reproduire — en les ordonnant — les textes synodaux relatifs au pouvoir des princes : selon la méthode scolastique, il partira de la définition du mot *roi* pour dire ce que doit être — et ne pas être — un roi chrétien ; ce que doit être — et ne pas être — son gouvernement ; quelles sont les conséquences d'un bon — et d'un mauvais — exercice du pouvoir (ch. III à VI). Puis (ch. VII), il rappellera l'origine du pouvoir royal, fondement de son autorité et base de ses responsabilités. Et enfin, après avoir, comme incidemment, résumé les obligations des sujets (ch. VIII), il poursuivra cet exposé — déjà complet en lui-même — par plusieurs chapitres de morale générale s'adressant au prince en tant qu'individu (ch. IX à XVI) et l'achèvera (ch. XVII) en rappelant ce qui constitue le bonheur des rois tel que Saint Augustin l'a défini dans sa *Cité de Dieu*.

L'*Épître dédicatoire* qui précède l'ouvrage en indique le but immédiat : éviter à l'Empire les malheurs dont les dissensions des princes l'ont affligé, et également — car en cette occasion, comme dans tous ses autres ouvrages, Jonas parle en prêtre et en directeur de conscience — assurer le salut éternel à l'homme à qui il s'adresse. Cette lettre est moins didactique que le traité, mais, on vient de le voir, plus précisément datée — bien que le corps de l'ouvrage ne manque pas d'indices caractéristiques de l'époque. Nous y trouvons un éloquent appel au respect du quatrième commandement de Dieu — appel où se manifeste la protestation spontanée de la conscience chrétienne, qui — malgré toutes les complexités de la politique — sait reconnaître et dénoncer dans le *péché* la cause des maux qui sévissent sur les sociétés comme sur les individus (1).

C'est aussi dans les quelques pages de la lettre à Pépin que Jonas se montre le plus personnel. Il y donne cours à

---

(1) On sait qu'il faut voir en cela l'une des raisons qui, à plusieurs reprises, amenèrent un retour de fidélité à Louis le Pieux.

son innocente prédilection pour la versification latine. Mais surtout il y montre bien où vont ses préoccupations les plus profondes : ce qui lui est le plus à cœur, ce sont les âmes, les âmes de princes comme les autres — sinon plus que les autres.

Jonas apparaît ainsi comme un évêque qui écrit — qui est amené à écrire — sur la politique, plutôt qu'un politique chrétien. Par là il se distingue des grands *proceres* qui, par situation, par naissance, par goût peut-être, font de la politique. Il ne cherche pas à spéculer sur la politique ; mais, en présence des faits, il s'efforce de retrouver, de rappeler — sans renoncer toutefois à les adapter — et de faire passer dans la pratique les principes chrétiens sur la politique.

Ces principes chrétiens, c'est dans la Sainte Écriture et les Pères qu'il les trouve. Aussi son traité, quoique personnel à bien des égards, nous apparaît-il surtout comme un témoin de la tradition. Dans la Préface du *De Institutione Laicali*, Jonas expose lui-même son procédé de composition : avec son humilité coutumière — un peu affectée sans doute, mais sincère — il se défend de toute complaisance envers les lumières de l'esprit et les agréments de l'éloquence, dont il se dit dépourvu ; il prétend borner son dessein à composer avec les maximes de l'Écriture et des Pères, « un bouquet de fleurs variées cueillies en autant de parterres différents ». Et prévoyant l'objection d'inutilité, il ajoute : « Si quelqu'un me reproche de faire œuvre vaine, toute la conduite de la vie chrétienne étant suffisamment expliquée dans les Saintes Lois que Dieu nous a données, dans les Prophètes, les Évangiles et les écrits des Apôtres..., je lui répondrai que les anciens Pères n'ont pas laissé d'entrer par un labeur assidu jusqu'au fond de la mystérieuse forêt des Écritures, et d'en tirer — comme des branches — une multitude d'excellentes vérités » (1).

---

(1) Jonas, *De Inst. Laic.*, dans *P. L.*, t. CVI, col. 124 A : *At si quispiam objicere voluerit*, etc. (Nous suivons en partie la traduction Mège).

« Ramasser les vérités répandues dans l'Ancien et le Nouveau Testaments, y joindre les sentiments des Saints Pères, en former cet ouvrage pour l'utilité de ceux qui ne peuvent ou ne veulent pas traverser les vastes champs des Saintes Lettres » (1), tel est le programme que notre auteur se proposait en écrivant le *De Institutione Laicali*. On peut dire qu'il suit exactement la même méthode pour composer le *De Institutione Regia*. Et c'est l'une des raisons pour lesquelles il importe tout spécialement d'étudier d'une façon détaillée les sources de l'œuvre de Jonas d'Orléans.

On a tout à fait l'impression de voir un bûcheron qui s'enfonce dans le hallier et en sort un instant après pour déposer son fagot. Et cela, dans les deux Institutions comme dans les Actes conciliaires rédigés par Jonas. L'identité de méthode est frappante.

(1) Jonas, *De Inst. Laic.*, dans *P. L.*, t. CVI, col. 124 A B : *Porro laicalis*, etc.

CHAPITRE IV

LES SOURCES DU « DE INSTITUTIONE REGIA »

De même que la généralité des œuvres produites par la Renaissance carolingienne, le *De Institutione Regia,* nous l'avons déjà signalé, se présente comme une véritable mosaïque de textes patristiques et scripturaires reproduits les uns de première main, les autres d'après des auteurs plus anciens qui avaient déjà emprunté des citations à leurs devanciers.

L'étude de ses sources est relativement facile, en ce sens que Jonas, très sévère pour le plagiat et la compilation inavouée, qu'il stigmatise énergiquement, surtout dans le *De Cultu Imaginum* (1), donne ses références ouvertement et, à quelques exceptions près, d'une façon correcte. Sans doute, il serait parfois difficile de distinguer les cas où il fait des citations directes, de ceux où il fait usage de « chaînes » (2) ;

---

(1) *De Cultu,* dans *P. L.,* t. CVI, col. 312, 330, 333.

(2) Parfois, Jonas se réfère clairement aux auteurs de chaînes (comme Isidore). Plus généralement, l'usage de chaînes est décelé seulement par la disposition et le groupement des citations. Ex. : les textes *ordonnés* sur la superbe (*De I. L.,* III, 4, dans *P. L.,* t. CVI, col. 239), la réunion en un même paragraphe de passages empruntés à quatre traités différents de saint Grégoire (*De I. L.,* III, 16, dans *P. L.,* t. CVI, col. 267, 268,) etc.

mais l'abondance et la variété de ses citations (sur des sujets à peu près identiques, il se réfère parfois à plusieurs auteurs) (1), ainsi que son habileté à reconnaître les emprunts tacites d'un Claude de Turin, suffiraient à prouver l'étendue et le sérieux de son érudition.

I. — L'érudition de Jonas

A s'en tenir au seul *De Institutione Regia*, on n'aurait qu'une idée très insuffisante de la documentation de Jonas ; aussi, avant d'aborder l'examen particulier des sources relatives à ce traité, croyons-nous devoir faire porter notre enquête sur toute l'œuvre de l'évêque d'Orléans. Manitius donne un relevé de textes recueillis dans le *De Institutione Laicali* et dont il tire déjà cette conclusion que « le catalogue de Jonas déborde sensiblement celui d'Alcuin (2) ». Nous complétons ce relevé, en n'y faisant figurer — à l'exemple de Manitius — que les citations explicites, les citations implicites du *De Institutione Regia*, très peu nombreuses du reste, devant être indiquées plus loin (3).

I. — *Citations des Pères grecs* (4)

Origène :
Homélies sur la Genèse, sur l'Exode et sur le Lévitique.

Saint Jean Chrysostome :
Homélies : De Psalmo, In allocutione Actuum Apostolorum, De Cruce et latrone, De recipiendo Severiano.

---

(1) Par exemple, dans le *De I. L.*, au sujet des divers modes de rachat des péchés, il se réfère successivement à Origène, à Bède, à Isidore et peut-être (implicitement) à saint Augustin (*P. L.*, col. 130-131, 153-154, 250-252).
(2) *Op. cit.*, p. 377.
(3) Notons cependant la ressemblance de *De I. L.*, I, 10 (dans *P. L.*, t. CVI, col. 140), avec le 2ᵉ capitulaire de Théodulf (dans Mansi, XIII, 1012).
(4) Nous écrivons en italiques les textes figurant dans le *De I. R.*

Eusèbe :
Histoire ecclésiastique (v. Rufin).

Sozomène :
Histoire (v. Cassiodore).

II. — *Citations des Pères* (ou autres écrivains) *latins*

Saint Cyprien :
De opere et eleemosynis (1).
Epistola ad Demetrianum.

Pseudo-Cyprien (2) :
Abusiva (Traité des XII abus du siècle).
Adversus Aleatores.

Lactance :
Divinæ Institutiones (De vero Cultu, de Falsa Religione).

Saint Ambroise :
Expositio Evangelii secundum Lucam.
De Joseph patriarcha.
De Abraham.
De Patriarchis (3).

Pseudo-Ambroise :
Commentaria in Epistolam Beati Pauli ad Timotheum primam.
Liber contra Vigilantium, Libri duo adversus Jovinianum.

---

(1) Citation donnée par Jonas comme étant du *De Dominica orat..* (*P. L.*, t. CVI, col. 251). — Cf. S. Cypr., *Op.*, dans *Corpus Script, eccl. latin.*, éd. Hartel, t. 1, p. 376.

(2) Les citations du Ps. Cyprien, du Ps. Ambroise, etc. sont données par Jonas sous le nom de Cyprien, d'Ambroise, etc.

(3) Citation donnée par erreur comme étant du *De Joseph* (*P. L.*, t. CVI, col. 196). Cf. *S. Ambr., op.*, dans *Corpus Script. eccles. latin.* éd. Schenkl, t. II, p. 125.

Saint Jérome :
  Epistolæ : *ad Eustochium,* ad Oceanum (de morte Fabiolæ), ad Lætam, ad Furiam, ad Heliodorum, ad Nepotianum, ad Sabinianum, ad Riparium.
  Commentaria : in Danielen, in Ecclesiasten, in Ezechielen, in Evangelium Sancti Matthei, in Epistola ad Galatas, in expositione Proverbiorum.

Rufin :
  Historia ecclesiastica.

Saint Augustin :
  De quantitate animæ.
  De Civitate Dei.
  De Vera religione.
  De Nuptiis et Concupiscentia (ad Valerium comitem).
  De doctrina christiana.
  Tractatus in Joannis Evangelium.
  Enarrationes in Psalmos.
  Enchiridion.
  De Trinitate.
  De Bono Conjugali (contra Jovinianum).
  De Conjugiis adulterinis.
  De Patientia.
  De Cura gerenda pro mortuis.
  De Sermone Domini in monte.
  Epistola ad Maximum.

Pseudo-Augustin :
  De Disciplina Christiana.
  Sermones (De verbis Domini, De Tempore, De sanctis, de Diversis).

Paulin de Nole :
  Liber gestorum Sancti Felicis martyris.

Sedulius :
  Carmen paschale (1).

---

(1) Lib. V au lieu de L. III annoncé dans *P. L.* (t. CVI, col. 348).

Fulgence :
De Veritate prædestinationis et gratiæ.
De Fide, ad Donatum.

Saint Césaire d'Arles :
Homilia.

Cassiodore :
Historia tripartita.
Complexiones in Psalmos.

Gélase :
Epistola VIII^a.

Julius Pomerianus :
De Vita contemplativa.

Innocent Ier :
Epistolæ : ad Exsuperium, ad Decentium.

Saint Grégoire le Grand :
Homilia.
Moralia.
Dialogorum Libri quatuor.
Liber regulæ pastoralis.
Epistolæ : ad Recharedum, ad Januarium, ad Serenum.

Isidore de Séville :
De Officiis.
Etymologiæ.
Sententiæ.
Synonyma.

Bede le Vénérable :
Homilia.
Commentaria in Proverbia Salomonis, in Evangelium Lucæ, in Joannis, in Septem canonicas Epistolas (in Epistola Jacobi, in Epistola Petri I^a), in Actus Apostolorum, in Cantica Canticorum.
Historia ecclesiastica gentis Anglorum.

Alcuin :
De Virtutibus et Vitiis.

Pour terminer cette énumération, notons que Jonas se réfère explicitement, dans ses œuvres, aux Actes des Conciles de Laodicée, de Chalcédoine, de Gangres, de Rome (721) (1), ainsi qu'aux capitulaires de Louis le Pieux.

Toute sèche, notre liste ne donne pas une idée exhaustive de l'érudition de Jonas. En premier lieu, l'évêque d'Orléans connaissait certainement les recueils de capitulaires et les collections canoniques en usage de son temps, comme la *Collectio Hispana*, d'après laquelle il semble bien citer le concile de Laodicée (2) et le Recueil Dyonisien, auquel semble empruntée sa citation du Concile de Gangres (3). D'autre part, nous n'avons mentionné ni les écrivains païens, ni les auteurs chrétiens cités ou reproduits incidemment : Virgile (Eneïde, 1, I, v. 2 ; Eglogues, VI, 13) (4), Ovide (5), Varron (6), Plaute (à propos duquel il se réfère vraisemblablement à une rédaction en prose de l'Amphitrion) (7), Eugène III de Tolède (cité sans référence) (8), Fortunat (qu'il faut reconnaître dans le « quidam » dont il reproduit deux vers dans l'Épître dédicatoire (9), Lampride peut-être, à qui il emprunte un mot rare (10). Et surtout il va de soi que l'érudition de Jonas dépasse de beaucoup ses citations ; souvent, il déclare se borner à regret, il

---

(1) *P. L.*, t. CVI, col. 184 (cf. Mansi, XII, 263).

(2) Comparer *De I. L.*, I, XI, *in fine* (*P. L.*, t. CVI, col. 144 d) avec *Coll. Hisp.* (*P. L.*, t. XXXIV, col. 135 a).

(3) Comparer *De I. L.*, dans *P. L.*, t. CVI, col. 205 b, avec le Codex Dyonisien (dans *P. L.*, t. LXVII, col. 157 d).

(4) *P. L.*, t. CVI, col. 362, 363.

(5) *Ibid.*, col. 362. Cf. *ibid.*, col. 363.

(6) *Ibid.*, col. 317.

(7) *De Cultu*, dans *P. L.*, t. CVI, col. 383 (cf. Manitius, *op. cit.*, p. 379).

(8) *De Cultu*, dans *P. L.*, t. CVI, col. 309 a. Cf. *Eug. Toletani Carmina LXXXI*, dans *M. G. H.*, *Historiæ, Auctor. Antiquissim.*, t. XIV, p. 265 (éd. Wollmer, Berlin, 1905).

(9) *V. infr.*, p. 99. Cf. *Fortunati Carm.*, IX, 2, 47-48, dans *P. L.*, t. LXVIII, col. 300.

(10) *De Cultu*, dans *P. L.*, t. CVI, col. 343 a.

fait allusion aux nombreux textes qu'il pourrait ajouter, il renvoie le lecteur à de notables parties d'ouvrages, qu'il connaît évidemment à fond et de première main (1).

On peut relever dans la documentation de l'évêque d'Orléans quelques inexactitudes ; les unes sont courantes de son temps — comme l'attribution des *Abusiva* à saint Cyprien ; les autres lui semblent personnelles : désignation de Césaire d'Arles sous le nom de *Cæsarius Massiliensis*, attribution à saint Prosper de textes de *Julius Pomerianus*, erreurs diverses de références (2) ou même d'interprétation. Celles qui pourraient présenter quelque intérêt seront examinées en leur lieu. Mais dans l'ensemble, les indications sont exactes et les textes correctement reproduits.

Jonas cite les Pères grecs d'après les versions latines couramment utilisées de son temps (par exemple, Eusèbe d'après Rufin d'Aquilée et Sozomène d'après l'Histoire tripartite). Savait-il le grec, langue qui était peu connue dans l'empire franc, au début du ixe siècle ? Sa désignation pour une Ambassade éventuelle à Constantinople, en 825 (3), ses allusions aux Pères de l'Église orientale (4) et enfin l'aisance relative avec laquelle il semble discuter sur le vocabulaire grec (5), sont des arguments sérieux en faveur de l'affirmative ; mais ils n'ont pas assez de force pour entraî-

---

(1) Cf. *De I. L.*, I, 5, dans *P. L.*, t. CVI, col. 131 D, 134 A B, 265 B, 329 B.

(2) Ex. : Jonas renvoie aux *Sentences* d'Isidore, au lieu des *Offices* du même auteur (*P. L.*, t. CVI, col. 138).

Il se réfère au *De Opificio Dei*, au lieu de citer les *Institutions* de Lactance, liv. 6 (*Ibid.*, col. 263).

Il donne comme extraite du *Livre de Joseph* une citation tirée du *Livre d'Abraham* de Saint Ambroise (*Ibid.*, col. 195).

(3) *Vide supr.*, p. 30 et *sq.*

(4) On lit, par exemple, dans les Actes d'Aix 827, dont Jonas fut rédacteur : *Multa siquidem sanctorum Patrum qui non solum latine, verum etiam grece documenta proferri poterant*, dans Werminghoff, M. G. H. Conc. æv. Karol., p. 766.

(5) Voir surtout : *De Cultu*, dans *P. L.*, t. CVI, col. 316, 319, 320 ; *P. L.*, t. CV, col. 1333.

ner la conviction. En ce qui concerne les discussions grammaticales en particulier, on peut d'ailleurs supposer que Jonas n'a fait que s'inspirer des prédécesseurs, de saint Augustin, par exemple.

Quoi qu'il en soit, l'évêque d'Orléans représente plus qu'honnêtement et la culture profane de la Renaissance Carolingienne et, surtout, son érudition patristique Il semble attribuer aux Pères une quasi-inspiration : à propos de saint Cyprien, par exemple, il n'hésite pas à parler des « enseignements des Saints, produits sous l'influence du Saint-Esprit, par ceux qui règnent avec Dieu » (1). Il leur distribue des « notes » fort élogieuses : le bienheureux Augustin lui apparaît, sans contestation possible, comme « le plus éloquent de tous les docteurs latins, le défenseur et le protecteur le plus vigoureux de l'Église de Dieu » (2), et il traite sa doctrine de « salutifère » (3). Il voit en Bède, prêtre vénérable, « le plus savant et le plus illustre docteur de l'époque moderne » (4) ; en Grégoire Ier, un « excellent et éminent docteur, le premier des Pontifes, après le Bienheureux Pierre, par l'éloquence et par la gloire de son Siège » (5) ; en saint Jérôme, un témoin très fidèle de la vérité et un contempteur très informé de l'erreur (6). Il n'est pas jusqu'à Cassiodore qui ne soit exalté comme l'homme sachant expliquer les Psaumes avec une pleine perfection (7). On peut remarquer que ces éloges sont presque tous contenus dans le *De Cultu* et qu'ils empruntent un peu d'emphase au genre littéraire dont relève cet ouvrage, comme aussi au

---

(1) *De I. R.*, III, *V. infr.*, p. 113 : *Verum quia sanctorum*, etc. Même idée dans le *De Cultu* (*P. L.*, t. CVI, col. 321) : *expositiones eorum quae a Sanctis Patribus sancto Spiritu afflatis digestae sunt...*
(2) *De Cultu Imag.*, dans *P. L.*, t. CVI, col. 317 B.
(3) *Ibid.*, col. 329, 334.
(4) *Ibid.*, col. 332.
(5) *Ibid.*, col. 373.
(6) *Ibid.*, col. 311, cf. *Ibid.*, col. 371 : *Hieronymus... ut ita dicam, bibliotheca matris Ecclesiæ...*
(7) *Ibid.*, col. 330.

désir d'humilier Claude de Turin, par comparaison. Mais
c'est toute l'œuvre de Jonas qui manifeste une profonde
vénération pour les Pères, avec un attachement très fidèle
à leur pensée et même à leurs singularités (1).

II. — Les Sources propres du « De Institutione Regia »

a) *Sources scripturaires*

Le *De Institutione Regia* se réfère surtout à la Sainte
Écriture : sans compter dix-neuf textes scripturaires contenus dans l'Épître dédicatoire — et dont nous ne dirons rien
parce qu'ils se rapportent à la morale générale, non aux doctrines politico-religieuses ,— nous trouvons dans ce Traité
55 citations de l'Ancien Testament et 37 du Nouveau. Sur
ces 92 citations, 3 sont données deux fois (ce qui ramène à
89 le nombre des textes distincts) : l'une (I^a *Petri*, II, 13)
se trouve reproduite dans une citation de Bède, avant de
l'être directement : une autre (II^a *Petri*, II, 21), directement, puis dans un texte d'Origène ; une troisième enfin
(*Sagesse*, I, 1), deux fois par Jonas lui-même (2).

Dans l'ensemble de son œuvre littéraire, l'évêque d'Orléans se réfère à tous les livres de l'Ancien Testament, à
l'exception de *Josué, Juges, Ruth, Esdras, Néhémie, Judith,
Esther, I et II Macchabées, Cantique, Baruch, Abdias, Jonas,
Michée* et *Habacuc*, et à tous ceux du Nouveau, à l'exception de *l'épître à Philémon*, des deux dernières *épîtres de
Saint Jean*, de *l'épître de Saint Jude* et, peut-être, de *l'Evan-
gile de Saint Marc*.

A plusieurs reprises, Jonas donne indifféremment des
textes parallèles, même dans des passages dépendant étroi-
tement les uns des autres (3). Il lui arrive aussi de répéter

---

(1) Voir, par exemple, dans le *De I. L.* (*P. L.*, t. CVI, col. 131) certaine dissertation théologico-mathématique à la manière de saint
Augustin ou de saint Grégoire le Grand.
(2) *Vide infra*, p. 150, 157 ; 173, 174 ; 146, 168.
(3) Par exemple, le *De I. R.* cite *II Paral.*, VI, 34 *sq.*, et le *De I. L.*
le passage parallèle *III Reg.*, 44 *sq.*

le même texte à intervalles très courts et parfois avec quelques variantes, selon qu'il cite directement ou non. Cela montre peut-être qu'il ne se donne pas toujours la peine de vérifier mot à mot les citations de ses devanciers, mais peut prouver aussi son contact personnel avec les sources scripturaires.

Jonas attribue au Nouveau et à l'Ancien Testaments, qu'il cite sur le même pied, même valeur probante et même force divine : « *...divinam, id est legalem et propheticam et evangelicam atque apostolicam... auctoritatem* » (1). Pour lui, la Loi, les Prophètes, les Évangiles et les écrits des apôtres sont promulgués par Dieu lui-même et contiennent pleinement tous les préceptes et tous les enseignements qui expriment sa volonté (2).

Parmi les passages des Saints Livres cités dans le *De Institutione Regia*, ceux qui présentent le plus d'intérêt au point de vue des idées politico-religieuses sont les suivants :

Nouveau Testament :

Saint Matthieu, XVI, 19 ; XVIII, 18 ; XXII, 21. — Saint Luc, X, 16. — Saint Jean, XX, 22-23. — (Textes relatifs à l'établissement du Magistère ecclésiastique).
1er Épître de Saint Pierre, II, 13, 14, 17. — Épître à Tite, III, 1. — 1er Épître à Timothée, II, 1-4. — Épître aux Romains, XIII, 1-2. — (Textes sur l'Autorité en général).

Ancien Testament :

Deutéronome, XVII, 14-15, 17-20 ; XVI, 18 ; I, 9-12. — Ecclésiastique, XXXII, 1 ; X, 1, 17, 18, 8. — Proverbes, XXIX, 14 ; XX, 28 ; XX, 8, 26 ; XXIX, 4 ; XIV, 34 ; XXV, 5 ; XXI, 2, 7 ; XXI, 21 ; VIII, 14-15. — Ecclesiaste X, 16. — II Rois, VI, 22. — Job, XXXIV, 30 ; XXIX, 14 ; XXIX, 7-9. — Sagesse, I, 1 ; VI, 2-9. —

---

(1) *V. infra*, p. 162.
(2) *Ibid.*- Cf. p. 128 : *Legalia, et evangelica atque apostolica a Domino promulgata precepta.*

Exode, XVIII, 21-23. — II Parallipomènes XIX, 4-7.
— Isaïe, XIV, 20-21. — Amos, IX, 8. — Daniel, V,
18-21 ; IV, 14 ; V, 21. — Jérémie, XXVII, 4-5. —
Osée, VIII, 4 ; XIII, 11. — (Textes sur l'établissement
de la Royauté juive, sur l'Histoire d'Israël et sur ses
rois : David, Salomon, etc.).

Si, comme nous l'avons vu, Jonas se montre très déférent vis-à-vis des textes patristiques, il traite avec plus de respect encore — au nom de la science comme au nom de l'esprit catholique (1) — les textes de la Sainte-Écriture. Il s'indigne à la pensée qu'on puisse modifier, ajouter ou retrancher quelque chose à l'Évangile : pour lui, de tels procédés conduisent à la ruine du salut (2). Il défend le texte usuel (3) contre les versions et les interprétations que n'admet pas l'Église (4). Lui-même, toutefois, n'est pas toujours très heureux dans ses critiques (5) ni dans ses interprétations : nous en relèverons plus loin un ou deux exemples. En outre, nous l'avons déjà signalé, ses citations sont parfois très approximatives. Une telle pratique était courante à l'époque, sans doute, mais peut-être aussi quelques-unes des variantes qu'il introduit sont-elles voulues : ne serait-ce pas le cas, en particulier, pour la substitution qu'il fait du terme *Justitia* au mot *Clementia* de la Vulgate dans un texte des Proverbes ? (6) Cela ne serait pas sans importance au point de vue qui nous occupe, et nous aurons l'occasion d'y revenir.

---

(1) Cf. *De Cultu*, dans *P. L.*, t. CVI, col. 337 : *secundum litterarum disciplinam, et secundum catholicum intellectum.*

(2) *De Cultu*, dans *P. L.*, t. CVI, col. 355 : *Nemo quippe ad libitum suum in verbis sancti Evangelii quidpiam superaddere, aut mutare aut detrahere, nisi ad ruinam salutis suæ valet.*

(3) *Ibid.* : *...evangelicæ translationi qua utimur.* A signaler que Jonas ne parle nulle part de la Bible de son prédécesseur Théodulf.

(4) *De Cultu*, dans *P. L.*, t. CVI, col. 355 : *...Evangeliorum interpretes, quos catholica non recipit Ecclesia.* Cf. également *Ibid.*, col. 374-375.

(5) C'est à tort qu'il reproche à Claude de Turin une interpolation : *De Cultu*, dans *P. L.*, t. CVI, col. 375 et note.

(6) *Prov.*, XX, 28. — V. *infr.*, p. 152, n. 2.

b) *Sources patristiques*

On relève dans le *De Institutione Regia* trente et une citations explicites des Pères, toutes appartenant au Traité proprement dit (l'Épître dédicatoire se référant uniquement à la Sainte Écriture). Nous énumérons ci-après celles d'entre elles qui présentent un réel intérêt en ce qui concerne la doctrine, ou même au point de vue historique ou littéraire.

La première citation que nous rencontrons est tirée de la lettre bien connue, par laquelle le pape *Gélase* — tout en sachant bien que sa revendication ne peut guère être que de pure forme — rappelle à l'empereur Anastase les prérogatives du Sacerdoce : le monde est régi par deux puissances, l'autorité sacrée des pontifes et celle des rois, mais la charge des premiers est d'autant plus lourde que les prêtres devront, au Jugement, rendre compte à Dieu pour les rois eux-mêmes (1). Beaucoup moins significatif est le texte de *Fulgence* que Jonas donne, à la suite de celui de *Gélase* d'après le livre II du *De Veritate prædestinationis et gratiæ* (ouvrage polémique contre Fauste de Riez). L'auteur y marque l'excellence des deux pouvoirs, l'un dans l'Église, l'autre dans le siècle, mais sans signaler explicitement une hiérarchie entre eux. Il est vrai qu'une autre citation du même *Fulgence*, donnée plus loin que la précédente, est beaucoup plus suggestive. L'évêque de Ruspe y soutient que le sommet de la dignité royale doit être soumis à la sainte religion, et que l'empire chrétien n'est jamais plus florissant que lorsque l'établissement ecclésiastique se trouve parfaitement soutenu : critique contre le césaropa-

---

(1) *Vide infra*, p. 134, *sq*. Jonas a dû prendre ce texte non dans l'*Hadriana* ni dans l'*Hispania* (où il ne figure pas) mais dans la collection gallicane dite *Quesnelliana* (d'où, quoique authentique, il passa dans les Fausses Décrétales).

Cf. THIEL, *Epistolæ roman. pontificum genuinæ*, Brunsbergæ, 1868, p. 351, note.

pisme, assez curieuse chez un auteur qui se trouvait alors sous le joug des Wandales (1).

L'empereur Constantin est également appelé — d'après *Rufin* — à témoigner de la préexcellence du sacerdoce sur la royauté ; Jonas cite les paroles adressées par l'empereur aux évêques rassemblés à Nicée en 325 : Dieu, en vous constituant prêtres, vous a donné le pouvoir de juger les rois eux-mêmes, et c'est à bon droit que vous usez de cette prérogative ; quant à vous, vous ne relevez pas du jugement des hommes, vous êtes des dieux : « *Dii estis* » (2). On sait que ce texte fameux et dont le Moyen âge a fait grand usage, n'est pas authentique.

L'auteur le plus fréquemment cité dans le *De Institutione Regia* est *Isidore de Séville*. Sans le dire expressément — mais une autre citation équivalente du même docteur est donnée plus loin avec sa référence — Jonas lui emprunte, très probablement d'après les *Etymologies,* sa fameuse définition étymologique de la Royauté : « Le roi est appelé ainsi de : régir droitement » (3).

Un second texte isidorien, donné en deux parties et tiré des *Sentences,* reprend et explique la même définition ; il est suivi de citations annoncées sous le nom de Grégoire le Grand, mais dont une partie se trouve reproduite ailleurs,

---

(1) *Vide infr.*, p. 135 et 142.
(2) *Vide infr.*, p. 137.
(3) *Vide infr.*, p. 138. La diversité des sources isidoriennes rend un peu difficile l'établissement de la référence pour la citation implicite du début du chapitre III. La distinction entre *rex* et *tyrannus* y est faite d'après les *Etymologies* (I, 31 et II, 29), qui rappellent la *Cité de Dieu.* Elle n'est pas dans les *Sentences.* C'est l'une des raisons pour lesquelles, bien que le manuscrit R donne *agendo,* tandis que les trois passages des *Etymologies* donnent *regendo,* nous avons adopté *Rex a regendo* dans le texte critique pour la définition nominale du début du chapitre III. Pour la définition morale de la fin, nous avons conservé *Rex a recte agendo* d'après les *Sentences.* Cependant, l'hypothèse d'une contamination mutuelle des textes reste possible.

par Jonas également, comme étant d'Isidore : les *Sentences* sont en effet une véritable chaîne faite de textes grégoriens, entre autres (1).

Le chapitre IV du *De Institutione Regia* contient, lui aussi, une citation isidorienne. Elle rappelle que si les princes tiennent parfois le sommet de la puissance dans l'Église, c'est pour pouvoir imposer par la force ce que le sacerdoce ne peut obtenir par persuasion. Cette citation est précédée, tout au début du chapitre, par une définition du ministère royal qui, si elle n'est pas tirée textuellement des *Sentences*, emprunte bien son esprit aux chapitres de cet ouvrage consacrés aux rois. La charge royale y est représentée comme celle du Grand Justicier, du Juge des Juges. C'est une conception où se rencontrent les deux courants — romain et chrétien — qui ont abouti à la notion de l'empereur chrétien, héritier à la fois de l'Empire païen et de la Royauté juive (2).

C'est encore aux *Sentences*, enfin, que sont empruntés les deux derniers textes d'*Isidore de Séville* reproduits dans le *De Institutione Regia*, et dont l'un — relatif aux bons et mauvais juges institués par le roi — semble appuyer des allusions à la politique du temps, tandis que l'autre, venant en conclusion d'un rapide examen de l'origine du pouvoir, rappelle que souvent dans sa colère, Dieu donne aux peuples les gouvernants qu'ont mérités leurs péchés (3).

Lorsqu'il veut définir ce qu'est un roi juste, et en quoi consiste sa justice, Jonas donne — en l'attribuant à Saint Cyprien (4) — un passage des *Abusiva* (*Traité des XII Abus du siècle*) qui eut une fortune peu ordinaire, non seulement dans le haut Moyen âge, mais bien longtemps encore par la

---

(1) *Vide infr.*, p. 142 et 143. Dans le manuscrit dont usa Jonas, il y avait sans doute une référence à Grégoire en face de la citation qui lui est attribuée.

(2) *Vide infr.*, p. 145, n. 1.

(3) *Ibid.*, p. 150 et 156 (le dernier texte est déjà cité par Jonas, *Ibid.*, p. 143).

(4) *Ibid.*, p. 140.

suite (1). Composé vraisemblablement dans le Sud-Ouest de l'Irlande, au milieu du viie siècle, cet ouvrage utilise surtout, pour le fond, l'Écriture Sainte et Isidore de Séville, sans préjudice d'autres sources, dont certaines appartiennent sans doute à une littérature indigène. Pour la disposition, il présente des rapports évidents avec le 7e chapitre de la *Regula* bénédictine. Douze « oppositions » le constituent (le Sage sans bonnes œuvres, le Vieillard sans religion, etc.). La neuvième est intitulée « Le Roi injuste ». Il ressort de ce titre que l'auteur prétend établir une liaison essentielle de « Royauté » à « Justice ». C'est précisément cette neuvième opposition que Jonas reproduit intégralement au chapitre III du *De Institutione Regia* (2).

Jonas cite également un court passage de *Bède* proposant comme exemple les Romains pitoyables aux humbles et redoutables aux superbes (3) et il termine par le célèbre texte de la *Cité de Dieu* (livre V), où sont définies les qualités qui rendent heureux les rois.

Nous n'avons pas à étudier spécialement les auteurs dont se réclame Jonas dans les chapitres qui touchent à la morale générale bien plutôt qu'aux idées politiques : *saint Jérôme* y est cité une fois, *Origène*, *Bède* et *saint Augustin*, à plusieurs reprises et longuement (le dernier une fois à tort (4) à propos d'un passage de *Césaire d'Arles*).

A première vue, saint Augustin ne semble pas avoir une part nettement prépondérante dans la liste des sources patristiques de la partie plus précisément politique du *De Institutione Regia*. Mais si l'on songe que Fulgence est un disciple du grand évêque africain, que Bède et Isidore ne

---

(1) On le trouve, en particulier, dans *Jacques de Viterbe, De regimine christiano*, éd. Arquillière (*Le Plus ancien traité de l'Eglise*, Paris, 1927, p. 262).
(2) Cf. Manitius, *op. cit.*, p. 109.
(3) *Vide infr.*, p. 140 *sq.*
(4) *Ibid.*, p. 184 et n. 2.

font bien souvent que le reproduire, et que son influence se reconnaît aisément dans les *Abusiva* (1), on doit constater que, directement ou indirectement, c'est la pensée augustinienne qui domine dans le traité de Jonas. L'examen de la doctrine le montrera plus clairement, sans doute.

---

(1) Il est possible aussi qu'il y ait une réminiscence directe de saint Augustin (*De Civ. Dei*, V, 19) dans l'allusion aux « tyrans » anciens de *De I. R.*, III (*V. infr.*, p. 138).

CHAPITRE V

LA DOCTRINE POLITICO-RELIGIEUSE
DE JONAS D'ORLÉANS

Les indications qui précèdent donnent, pensons-nous, une idée suffisamment exacte de Jonas d'Orléans, du milieu où il vécut, des événements dont il fut l'acteur ou le témoin, du courant de pensée — essentiellement traditionnel — dans lequel il se situa.

Nous l'avons dit, c'est surtout dans le *De Institutione Regia* qu'il faut chercher l'expression de ses idées politico-religieuses, mais nous ne nous priverons pas d'appeler en témoignage, de ci, de là, d'autres écrits de l'évêque d'Orléans. D'autre part, nous nous rappellerons que le traité adressé à Pépin Ier reproduit une partie notable des Actes de 829 : de l'épiscopat à l'empereur, ou de Jonas au roi d'Aquitaine, les enseignements sont à peu près identiques.

M. Ferdinand Lot a montré d'une façon brève, mais heureuse et nette, que dans leur grande simplicité, les conceptions politiques courantes au ixe siècle sont commandées par l'idée qu'on se faisait alors du but de la vie, à savoir « *la paix en ce monde, le salut éternel dans l'autre* » (1). Dans

---

(1) Lot et Halphen, *Le règne de Charles le Chauve* (175e fasc. de la Bibl. de l'Éc. prat. des Hautes Études, Sc. philolog. et hist.), Paris, 1909, p. 94.

cette Société qu'est l'*Eglise universelle* — *corps du Christ, dont le Christ est le chef* (1) — tout doit être subordonné au salut. C'est en vue du salut qu'agit ou écrit un Jonas d'Orléans ; et c'est d'après leur importance en fonction du salut qu'il apprécie les hiérarchies d'ici-bas.

Les évêques (*sacerdotes*) auront à répondre devant Dieu du salut des rois eux-mêmes, et donc leur autorité dépasse en importance celle des rois : cela ne fait pas plus de doute pour l'épiscopat gallo-franc que pour un Gélase (2). Ayant parlé d'eux-mêmes avant de traiter de ce qui concerne le roi, les évêques réunis à Paris en 829 éprouvent le besoin de s'en expliquer et de reconnaître que ce qui touche à la personne du souverain aurait dû passer avant les autres questions (3), mais on sent bien que ces excuses sont de pure forme : Jonas en donne une preuve dans le *De Institutione Regia* en parlant « du pouvoir et de l'autorité du Sacerdoce » avant de traiter du pouvoir royal. Aussi bien dans la *Relatio* à laquelle nous venons de faire allusion, les évêques eux-mêmes avaient déclaré qu'il était logique de donner au pouvoir spitiruel la première place dans leurs délibérations (4).

Si les évêques sont responsables du salut des rois, à leur tour, les rois sont responsables du salut des peuples (5), et c'est ce qui *fonde* réellement leur autorité.

Quelle est l'*origine* de cette autorité ? Jonas rappelle d'après saint Paul qu'elle vient, comme toute puissance,

---

(1) *Vide infr.*, p. 134.
(2) *Vide infr.*, *loc. cit.* Avant de donner la citation de Gélase où le pouvoir spirituel, comparé au pouvoir temporel, est qualifié « *gravius* », Jonas donne l'épithète « *prestantior* » à la *persona sacerdotalis*.
(3) « *Sed quanquam ordine preposaro de his, quæ premissa sunt, vestro ardentissimo desiderio prius satisfacere elegerimus, illud tamen, quod in capite prius ponendum fuerat et ad vestram specialiter personam ministeriumque pertinere* cognovimus... »
(*Episcoporum ad Hludowicum imperatorem relatio.* A. 829, in M. G. *Historica, Capit. reg. francor.*, BORETIUS, KRAUSE, 1897, p. 46).
(4) *Cum hæc quippe ita se habeant, primum de sacerdotibus, deinde de regali persona dicendum esse statuimus. Op. cit.*, p. 29.
(5) *Vide infr.*, p. 139 et 144.

de Dieu (1) — il dit même quelque part, *du Christ* (2). Mais comment est-elle conférée ? comment se trouve désigné et investi celui qui doit l'exercer ?

Étudiant ces questions, M. A. Lemaire pense trouver dans le *De Institutione Regia* une ébauche très nette de la *Théorie du droit divin* proprement dite. D'après lui, la pensée des écrivains du ixe siècle — comme de tous leurs contemporains — serait que « si le prince gouverne, et même acquiert son droit souverain avec le consentement du peuple, le peuple n'est à aucun degré la source d'où provient ce droit » (3). Et il appuie cette assertion, en particulier, sur quelques textes de Jonas, dont voici les plus caractéristiques :

« Aucun roi ne doit dire qu'il tient son royaume de ses ancêtres, mais il doit croire humblement qu'il le tient en vérité de Dieu » (4).

« ...celui qui, dans l'ordre temporel, commande aux autres hommes, doit croire que le souverain pouvoir lui a été confié non par les hommes, mais par Dieu... Il est donc bien certain que la Souveraineté temporelle est conférée non par l'habileté, la volonté et la force des hommes, mais par la vertu et le secret dessein de la Providence divine » (5).

Et enfin, une dernière citation, que M. Lemaire estime la plus précise de toutes celles qu'il invoque :

« Le roi doit savoir que la cause, les intérêts dont il est chargé à raison de son ministère, ne sont pas la cause et les intérêts des hommes, mais ceux de Dieu... (car) les rois ont

---

(1) *Vide infr.*, p. 158.

(2) « *Decebat quippe* Christum *talem ac tantum imperio suo præficere principem...* » (*Hist. Translat. S¹ Hucberti*, dans *P. L.*, t. CVI, col. 389).

(3) André Lemaire, *Les lois fondamentales de la monarchie française*, Paris, 1907, p. 8, 9. Cf. Prou, *op. cit.*, p. XXIX.

(4) Jonas, *De I. R.*, c. VII. *Vide infr.*, p. 155. *Nemo regum... Quapropter*). Pour ce texte comme pour les deux suivants, nous donnons la traduction même de M. Lemaire.

(5) *Ibid., V. infr.*, p. 156.

été constitués par lui pour le représenter auprès du peuple » (1).

De ces passages, donc, M. Lemaire conclut que pour Jonas, de même que pour les autres théoriciens médiévaux antérieurs au xiiie siècle, si le *peuple* — c'est-à-dire les grands — joue un certain rôle dans le choix du souverain, comme aussi dans l'exercice du pouvoir, ce n'est qu'à titre de moyen, *d'instrument* choisi par Dieu pour manifester sa volonté, et non pas en tant que dépositaire d'une part de souveraineté (2).

M. Olivier Martin conteste avec vivacité ces conclusions et déclare, au contraire, que « Saint Thomas, en précisant la doctrine (de la *souveraineté populaire*), n'a nullement rompu avec la tradition » et n'a fait, que se conformer à cette dernière, en l'enrichissant de développements nouveaux (3). Nous ne sommes pas à même de nous prononcer catégoriquement en faveur de cette opinion, au moins sous la forme précise et avec la portée générale que lui donne son défenseur, mais nous pensons que M. Martin est dans le vrai lorsqu'il juge non probants les textes allégués par M. Lemaire. Il suffit, en effet, de replacer ces extraits dans leur contexte pour voir qu'ils sont loin de renfermer une doctrine du *pouvoir immédiat* et que, en particulier, la distinction n'y est faite nulle part entre le peuple instrument de Dieu et le peuple dépositaire de la souveraineté. Des trois citations maîtresses du *De Institutione Regia* ci-dessus reproduites, les deux premières sont empruntées au chapitre VII écrit en vue de contredire à des prétentions éventuelles d'*hérédité* stricte. La troisième, où la cause de Dieu est opposée à celle des hommes, vise non pas l'humanité en général, mais seulement les fonctionnaires injustes qui abusent de leur charge pour leur profit personnel. Au surplus,

---

(1) Jonas, *De I. R.*, c. VII, *V. infr.*, p. 156.
(2) A. Lemaire, *loc. cit.*
(3) O. Martin, *Nouv. Rev. Hist. du Droit franç. et étranger*, an 1909, p. 380 *sq.*

ne sait-on pas que les vrais intérêts des hommes sont compris dans les intérêts de Dieu ? Le salut du peuple fait la gloire du Seigneur.

Au chapitre VIII de son traité, Jonas dit que si les rois justes règnent par Dieu, les rois injustes n'exercent le pouvoir que par sa permission (*permissu tantum regnant*) (1). Ce passage paraît répondre surtout à une préoccupation apologétique : celle de dégager la responsabilité de la Providence dans les maux résultant du gouvernement des mauvais princes. Mais le rôle tout passif qui y est attribué à Dieu dans la seconde alternative envisagée nous semble pouvoir être invoqué légitimement contre l'opinion de M. Lemaire.

On peut être également tenté de tirer des conclusions favorables à la thèse de la collation médiate du pouvoir, des textes relatifs à l'établissement de la monarchie juive, que Jonas reproduit dans le *De Institutione Regia* (2) : dans ces passages, Yahweh prescrit à Israël (qui l'avait instamment réclamé) de *constituer un roi*, mais il ne donne ce commandement qu'à regret, en fixant au peuple les conditions auxquelles devra satisfaire le prince qu'il *fera*. Ces textes ne font pas ressortir nettement que le peuple ait — outre une part dans le choix du prince — une certaine souveraineté à déléguer à ce dernier ; mais ils sont, à tout prendre, beaucoup moins favorables à la théorie du droit divin proprement dite.

Pour résumer, nous croyons pouvoir conclure que Jonas affirme l'origine divine de l'autorité royale, mais qu'il ne se préoccupe guère de préciser si cette autorité vient de Dieu directement ou, au contraire, par l'intermédiaire du peuple. Elle a sa source en Dieu, il le répète d'après saint Paul, mais cela est vrai de *tout* pouvoir, et personne ne prétend que *tout* pouvoir vienne *directement* de Dieu.

---

(1) Jonas, *De I. R.*, c. VII, *Vide infr.*, p. 156.
(2) *Ibid.*, c. III, *Vide infr.*, p. 139 sq.

Ce que nous venons de conclure s'accorde d'ailleurs parfaitement avec le caractère général du traité, qui est avant tout moral et de portée pratique : il s'agissait de dicter la conduite à tenir à un roi dont les intentions douteuses (ou, si l'on se réfère aux Actes, de conseiller un empereur embarrassé) ; dès lors, à supposer (ce que nous ne croyons pas) que Jonas eût été partisan de la théorie du pouvoir immédiat, il eût été contre-indiqué de sa part de rappeler au prince un titre qui ne pouvait qu'exalter son orgueil.

C'est sans doute pour des raisons analogues que Jonas — à l'inverse de Smaragde (1), ici — passe le *sacre* sous silence dans son traité. L'opinion courante du temps, on le sait, est que l'onction confère au roi un rôle semi-religieux et, sans en faire à proprement parler un homme d'Église, lui donne un certain caractère sacré, assez imprécis, mais qui lui permet d'intervenir dans les affaires ecclésiastiques. C'est toutefois — on l'a remarqué — une arme à double tranchant qui peut être utilisée aussi bien contre le pouvoir ecclésiastique que contre le pouvoir civil. L'évêque d'Orléans n'en dit rien, pas plus que des autres modalités par lesquelles le roi est désigné et investi de l'autorité.

Quoi qu'il en soit de son mode de collation, le pouvoir royal semble avoir un caractère *conditionnel* : s'il ne remplit pas correctement la fonction correspondant à son titre, s'il n'exerce pas bien son *ministère*, s'il ne gouverne pas droitement, le souverain perd son nom de roi, et ne mérite plus que celui de tyran. Et alors, l'éclat de son autorité peut se trouver non seulement terni, mais effacé de telle sorte que les fils et neveux du prince n'en puissent hériter — témoin Salomon, dont le sceptre ne passa point à ses enfants (2).

---

(1) SMARAGDE (*De Via regia*, Præf.) cite l'onction parmi les titres qui donnent le droit (« *rite* ») de porter le diadème : être de race royale ; avoir sa dignité confirmée par l'onction, la confession de la foi, les œuvres ; être adopté comme fils par le Roi des Rois (*P. L.*, t. CIII, col. 933).

(2) *Vid. infr.*, p. 141.

Nous essaierons plus loin de préciser la portée des menaces que ces paroles comportent à l'égard du roi lui-même — dont le pouvoir n'apparaît pas comme une propriété, mais comme une charge, un office, un « ministère ». Dès maintenant nous notons que ses fautes peuvent priver du trône sa descendance. Cela va contre le principe d'hérédité absolue (auquel n'est guère favorable, par ailleurs, l'un des textes que nous avons rappelés plus haut) (1). On sait que ce principe subit une éclipse sous les Carolingiens, et M. Lemaire constate à bon droit que les théoriciens du ixe siècle n'en traitent pas (2). Jonas parle bien quelque part (dans son *Historia Translationis*) (3) du sceptre dû à Louis le Pieux (*sceptra imperiala sibi debita atque a Deo tradita*), mais il ajoute aussitôt que le Christ devait, en effet, placer ce prince à la tête de l'Empire parce qu'il était capable de donner du lustre au trône de ses ancêtres, et surtout à cause de ses vertus qui en faisaient, pour le peuple, un modèle excellent à imiter.

Ce pouvoir royal, dont on vient de marquer brièvement le fondement, l'origine et quelques-uns des caractères, en quoi consiste-t-il exactement ? Quels sont au juste les devoirs et les attributions du roi ? Jonas — comme Smaragde — voit dans le prince le chef du peuple, celui qui doit gouverner le peuple de Dieu, lui commander avec équité et justice, en s'efforçant de lui procurer la concorde et la paix, toutes choses qui, nous le savons, conduisent et rois et peuples au salut éternel (4).

En premier lieu, le programme d'une vie royale comporte

---

(1) *Vid. supr.*, p. 78 : Aucun roi, etc.

(2) A. Lemaire, *op. cit.*, p. 7.

(3) *H^a Transl. S^1 Hucberti*, Præf., dans *P. L.*, t. CVI, col. 389 c : *Decebat quippe christum talem ac tantum imperio suo præficere principem, in quo non modo aviti specimen luceret imperii, sed et qui mentis nobilitate insignis, prudentia singularis moribusque innocuus, cunctis sibi subjectis fieret tot virtutum excellentia imitabilis.*

(4) *Vide infr.*, p. 138 sq. Cf. Smaragde, *De Via Regia*, IV, dans *P. L.*, t. CII, col. 933 sq.

la *sainteté* personnelle du souverain. Le mot *sainteté*, nous le verrons, n'est pas trop fort. Le roi « doit d'abord garder en sa personne la dignité de son nom. Ce nom signifie qu'il doit exercer droitement la fonction de recteur ; or, comment pourrait-il corriger les autres, celui qui n'aurait pas effacé de ses propres mœurs toute iniquité ? » (1). Il doit avoir un idéal : celui des rois *justes* de l'Ancien Testament, « les *saints* rois qui ont plu à Dieu en le servant avec droiture » (2), ceux qui ont craint le Seigneur, gardé ses commandements et observé la droite *justice* (3), ceux qui, de la main du sacerdoce lévitique, ont reçu la loi deutéronomique, l'ont conservée auprès d'eux tous les jours de leur vie, en appliquant tous ses préceptes ; ceux qui ne se sont pas attachés aux richesses et aux plaisirs, mais ont observé la droite *justice* et pratiqué la miséricorde (4).

Le prince doit réaliser un tel idéal en personne, puis le faire progresser dans tout le peuple — à commencer par les gens de sa propre maison, d'où le bon exemple doit être donné — afin qu'en tous ceux qu'il gouverne et non seulement en lui-même, soit réalisé tout ce que comporte le nom de roi (5). Idéal de fonctionnaire remplissant une charge, et qui doit avant tout éviter la « superbe », plutôt que de souverain possédant en propre une puissance : *primus inter pares*, le roi doit être imitable par tous ses sujets, jusque dans les vertus que son nom semble pourtant évoquer d'une façon toute spéciale.

Piété, justice, miséricorde : telles sont les trois vertus qui, pour Jonas, résument les dispositions d'un vrai roi, et sans lesquelles il perdrait son nom : à plusieurs reprises, elles sont énumérées par l'évêque d'Orléans (6). Mais parmi

---

(1) *V. infr.*, p. 140 (texte des *Abusiva*).
(2) *Ibid.*, p. 139.
(3) *Ibid.*, p. 139, *in fine*.
(4) *Ibid.*, p. 139 (texte du *Deuter.*).
(5) *Ibid.*, p. 144 : *etiam in sibi subiectis regis nomen impleat*.
(6) *Ibid.*, p. 154, par exemple. Il énumère aussi les contraires (*impie, injuste, crudeliter*).

elles, la *justice*, très souvent citée séparément, occupe une place en vedette, au point qu'elle paraît à elle seule récapituler les devoirs du roi.

Jonas semble bien, en certains endroits, la distinguer nettement des autres vertus déjà énumérées (1). D'autres fois, il paraît la prendre dans l'acception de *justice distributive* — (...*justitiæ, quæ sua unicuique tribuit*...) (2), ou même d'*équité judiciaire* (comme dans le titre du chapitre VI du *De Institutione Regia*). Mais, d'une part, les énumérations qu'il fait des différentes vertus (et qu'on retrouve ailleurs, dans la *Cité de Dieu* par exemple, avec une ordonnance à peu près semblable) peuvent n'être que des lieux communs ; d'autre part, la justice définie par le fait de rendre à chacun ce qui lui est dû peut être prise dans un sens débordant sa définition naturelle ; et enfin, si le titre du chapitre VI précité oppose *injustitia* et *æquitas judicii*, il est suivi immédiatement d'un texte des Proverbes où sont opposés *justice* et *péché*.

D'ailleurs, Jonas a soin de dire tout au long ce qu'il entend par justice du roi ; il le fait d'après la célèbre définition empruntée à un chapitre des « Abusiva » dont le titre, *Le Roi injuste*, par l'opposition qu'il contient, montre bien que la *justice* est plus qu'une vertu même prépondérante, mais la *vertu caractéristique* du roi digne de ce nom : « Il est de la *justice du roi* de n'opprimer qui que ce soit par abus de pouvoir ; d'exercer l'autorité judiciaire sans acception de personne ; de prendre la défense de la veuve, de l'orphelin, de l'étranger ; de réprimer le vol, de punir l'adultère ; de ne pas favoriser les iniques ; de ne pas subvenir aux besoins des histrions et des impudiques ; de ne pas tolérer d'impies dans le royaume ; de ne pas laisser vivre les parri-

---

(1) Cf. le texte de Fulgence : *Si justitiam sic teneat, ut misericordiam non relinquat* (V. *infr.*, p. 142 *sq*).

(2) *De I. L.*, l. II, c. XXIV, dans *P. L.*, t. CVI, col. 218 D. Cf. St-Aug., *De Civ. Dei*, l. XIX, c. 21 : *Justitia porro ea virtus est, quæ sua cuique distribuit.*

cides et les parjures ; de défendre les églises, de nourrir les
pauvres avec ses aumônes ; de confier les charges du royaume
à des hommes justes ; de prendre pour conseillers des hommes
expérimentés, sages et sobres ; de ne pas donner audience
aux pythonisses, aux devins, aux mages, aux superstitions ;
de ne pas se laisser aller à la colère ; de défendre le pays
avec justice et courage contre les ennemis ; de vivre selon
Dieu ; de ne pas s'enorgueillir dans la prospérité ; de supporter vaillamment l'adversité ; de vivre dans la loi catholique ; de ne pas laisser ses fils agir d'une manière impie ; de
vaquer à l'oraison aux heures déterminées ; de ne pas manger en dehors du temps voulu » (1).

Ce tableau — assez peu ordonné — concerne à la fois les
devoirs de l'homme privé, les devoirs du chrétien et le
devoir d'état proprement dit du souverain. La part de ce
dernier devoir est assez considérable, mais on peut noter
que pour définir la « justice » de n'importe quel chrétien,
il suffirait de changer dans la citation des *Abusiva* la partie
qui concerne spécifiquement les devoirs du gouvernement :
la royauté est bien une charge, plus élevée que les autres,
mais une charge comme les autres.

Pour Jonas, le roi doit être *un juste*, et un *roi juste*, au
sens où ces expressions sont données dans l'Ancien Testament, en y ajoutant toute la perfection qu'apporte l'Évangile, et comportant jusqu'à la protection des églises, la vie
selon Dieu, et même la régularité dans la prière. C'est bien
un programme de sainteté qui répond à l'idéal d'un roi, et
Jonas n'hésite pas à dire — d'après Isidore de Séville —
que dans les Livres Saints les rois sont appelés rois *parce que*
Saints, et qu'en péchant ils perdent leur titre (2).

Le concept de justice, tel que nous venons de le définir,
constitue l'un des éléments essentiels de la pensée politico-
religieuse de Jonas, comme de tout le Moyen âge. M. Ar-

---

(1) *Vide infr.*, p. 140, 141, 142.
(2) *Ibid.*, p. 143.

quillière a excellemment montré qu'il a pour caractéristique principale l'*absorption du droit naturel dans la vie surnaturelle* qui caractérise ce qu'on a appelé l'*augustinisme* (1). Bernheim avait déjà présenté cette remarque, mais sans l'approfondir suffisamment, et en l'appliquant surtout au concept de *paix* (2). Tout en signalant que l'idée de paix joue le rôle principal au ixe siècle, M. Arquillière a fait ressortir que l'idée de *justice* — qui deviendra plus tard prépondérante — est plus centrale, plus fondamentale que l'idée de paix (3).

Le concept de *justice* est certainement prépondérant pour Jonas : il suffit en effet de lire son traité pour constater que la justice y est évoquée beaucoup plus souvent que la paix ou les autres concepts « augustinistes ». Cela semble, il est vrai, contredire la remarque de M. Arquillière relative au ixe siècle ; mais il ne faut pas oublier que le savant professeur, lorsqu'il parle de la prépondérance temporaire du concept de paix, vise surtout les Pontifes et les hommes d'État — un Grégoire IV, un Charlemagne, un Wala — qui, par situation et par devoir, ou par goût, sont à la fois plus portés à s'occuper des organisations d'ensemble et mieux placés pour en bien décider. L'évêque d'Orléans, lui, est surtout un pasteur d'âmes. Il voit d'emblée, plutôt que la paix à établir, la justice dont le respect pacifiera tout. Il se préoccupe en premier lieu de faire pratiquer cette justice par ceux dont il a, plus ou moins complètement, la garde. Et ainsi, il est bien dans son rôle d'évêque, de même qu'un pape ou un homme d'État sont dans le leur en se préoccupant d'établir les conditions de la paix (4).

---

(1) Arquillière, *Sur la formation de la « théocratie »*, p. 12, 13, 14.
(2) Bernheim, *Politische Begriffe des Mittelalters in Lichte der Anschauungen Augustins*, dans *Deutsche Zeitschrift für Geschichtswissenchaft*, 1896, p. 3. Cf. Jean de Pange, préface à la traduction de : O. Von Gierke, *Les théories politiques du Moyen Age*, Paris, 1914, p. 11 sq.
(3) Arquillière, *op. cit.*, p. 12, 13, 18.
(4) Le fait que, contrairement à ses prédécesseurs (un Grégoire IV,

Jonas voit son *devoir* — qui est de faire avancer le règne de la justice, par la sanctification des consciences, royales ou autres, — plutôt que son *droit* possible d'intervenir dans un domaine moins exclusivement religieux et surtout moins nettement dépendant de sa charge à lui. Il se pose en conseiller responsable plutôt qu'en homme d'État, et l'on pourrait en dire autant d'une partie de ses collègues, qui ne s'avisent pas de parler d'égal à égal avec un roi ou un empereur (primus, *inter pares* mais *primus*) tandis qu'au contraire un Wala, un Agobard, et plus tard un Hincmar de Reims, moins respectueux du pouvoir séculier ou moins attachés à la personne de leur prince, interviennent très nettement dans les affaires plus voisines de la politique pure, en se réclamant de la paix.

Quoi qu'il en soit, il semble bien que Jonas ait, bien que d'une façon plus ou moins confuse et intermittente peut-être, donné au concept de justice toute sa valeur « augustiniste » — laquelle comporte, outre le sens naturel, un sens chrétien et même un sens ecclésiastique prépondérant. La définition des *Abusiva* n'est pas simplement plaquée dans son œuvre : la société chrétienne doit être la cité du juste, comme la Jérusalem antique, mais renouvelée par la loi de miséricorde et de charité. Nous avons relevé plus haut (1) une citation des *Proverbes* où Jonas écrit « justitia », là où notre Vulgate met « clementia ». Ce n'est peut-être qu'une coïncidence, bien que l'évêque d'Orléans cite ailleurs le même texte avec le mot « clementia ». Mais il nous dit lui-même, en une phrase particulièrement révélatrice : la justice, c'est le nom général de l'ensemble des vertus (2) ; mieux (comme la paix, d'ailleurs) *c'est le Christ* (3).

---

par exemple), Grégoire VII se réfère à la *justice* plus souvent qu'à la *paix*, témoigne peut-être qu'il se fait plus qu'eux une idée profondément religieuse du rôle d'un souverain Pontife.

(1) *V. supra*, p. 70.

(2) ...« *justitiam, quæ generale nomen est totius corporis bonarum virtutum...* ». (*De Cultu*, III, dans *P. L.*, t. CVI, col. 383).

(3) ...*Christus utique, qui justitia est...* » (*De I. L.*, dans *P. L.*, t. CVI, col. 218 sq. — *Pacem, qui Christus est* (*De I. R.*, *V. infr.*, p. 160).

La notion « augustiniste » de justice résume donc totalement — ou peu s'en faut — le devoir d'état du souverain. Mais de quelle façon se manifestera cette justice ? Dans quel cadre est-elle appelée à s'exercer ?

Le roi est à la fois *juge* et *justicier*, et dans cette conception, nous trouvons la jonction de deux courants : celui des juges et des rois de l'Ancien Testament, et celui des empereurs romains. Toutefois, nous l'avons dit, c'est d'après les rois justes d'Israël plutôt que d'après les empereurs, même chrétiens, que Jonas trace l'idéal du roi.

Comme le roi juste d'Israël, le prince selon le cœur de l'évêque d'Orléans devra s'attacher avec un soin tout particulier à la protection des faibles, protection matérielle et protection morale. Les *Abusiva* le montrent soucieux de défendre la veuve, l'orphelin, l'étranger d'une part, et d'autre part, d'écarter du peuple les profiteurs de la magie et de la superstition. Cette double protection soit contre les impies, soit contre les ennemis du dehors, s'étend à tout le peuple. Elle constitue une espèce de *mundeburdium* : l'on peut y voir — outre les deux courants juif et romain dont nous venons de parler — un apport d'origine germanique. Notons cependant, après M. Lemaire, que pour désigner ce rôle de protecteur des faibles et de garant de la paix publique, jamais les écrivains ecclésiastiques de l'époque n'usent du mot « *mundium* » ou « *mundeburdium* » qui au contraire se trouve dans les capitulaires contemporains (1).

La protection des églises doit tenir une place importante dans les soucis du roi. Lorsque Jonas répète cela, ce n'est pas une recommandation de pure forme qu'il adresse. Il suffit, en effet, de lire les Actes synodaux et les capitulaires de l'époque pour constater que les évêques ne tarissaient pas de doléances très justifiées contre les laïques — auxquels un Charlemagne et un Louis le Pieux sont bien souvent dans l'impossibilité d'imposer le respect des biens

---

(1) Cf. A. Lemaire, *op. cit.*, p. 4.

ecclésiastiques — à tel point que, parfois, après avoir réclamé énergiquement que justice soit rendue en tout point, les prélats découragés, terminent leurs monitions par une humble prière de faire pour le mieux (1).

Si les écrivains du ixe siècle insistent beaucoup sur la protection nécessaire aux églises et aux serviteurs de Dieu, c'est que le besoin s'en faisait sentir, mais aussi n'était-ce pas la première condition d'une protection efficace des humbles en particulier, et du règne de la justice en général ? M. Himly signale avec raison que pour Louis le Pieux et ses conseillers, la protection de la religion était le premier devoir du souverain ; mais il marque une opposition qui n'existe guère en fait, lorsqu'il ajoute que, selon eux, « l'exaltation de l'Église de Dieu et de ses serviteurs primait... même la paix et la justice (2) ». Ce que nous avons dit plus haut montre assez que, pour l'évêque d'Orléans, tout au moins, *la défense et l'exaltation de l'Eglise* (M. Himly traduit « exaltatio », mais passe sous silence le mot « defensio » du Capitulaire auquel il se réfère) loin de s'opposer à la justice, constituent au contraire la première condition de son règne. Si l'on prend le mot justice au sens naturel, quelle injustice plus criante que celle dont souffrent les églises, malgré certaines apparences ? Si on le prend, comme il convient, au sens augustiniste, la protection et l'exaltation de l'Église font partie, au premier chef, de l'*ordo justitiæ*. D'ailleurs, immédiatement après la citation qui donne lieu à la remarque précitée, M. Himly lui-même en reproduit une autre

---

(1) Voir, par exemple, les Actes d'Aix 837 (*M. G. H., Leg. Conc. æv. Karolini*, t. I, p. II, p. 722) : *Monasteria divinis solummodo cultibus dicata non debere sæcularibus dari... Sed quia id exigit reipublicæ necessitas, saltem collapsa loca erigi debent et clerici locis in quibus fuerant restitui, quousque opportunitas id permittat emendare plenius.* — Cf. Lesne (*op. cit.*, p. 292) : « Le clergé transige plus qu'il n'obtient justice. ». — Jonas se plaint de ce que l'opinion courante considère comme licite l'attribution à des laïques de biens ecclésiastiques (*De I. L.*, II, 19, dans *P. L.*, t. CVI, col. 205).

(2) Himly, *op. cit.*, p. 71.

également de Jonas, où le service de la justice est placé en première ligne, avant la défense de l'Église (1).

Pour maintenir ou établir le règne de la justice, le roi peut-il légiférer ? La coutume est la grande règle, chez les Francs. Mais un Carolingien est chrétien, et pour lui la coutume elle-même doit relever de la conscience chrétienne. Aussi, doit-on admettre qu'il peut la modifier si cela devient nécessaire, sous réserve de l'approbation du plaid, comme aussi légiférer à côté d'elle. Hincmar écrira qu'il sert Dieu en donnant des lois en son nom (*leges dando pro ipso*) (2) et lui reconnaît à ce sujet un pouvoir exclusif.

Jonas est loin de définir aussi nettement que l'archevêque de Reims le pouvoir législatif du Souverain. Il fait allusion aux édits que portent rois et empereurs, avec la volonté d'obliger leurs sujets (3), mais il semble bien que le pouvoir envisagé soit surtout — uniquement, peut-être — réglementaire et exécutif (4). Il emploie le même terme (*consultum ferre*) pour désigner le pouvoir du souverain dans ses états, le pouvoir que possède un évêque de ramener son diocèse à la saine doctrine lorsque cela est nécessaire, et la fonction de « superintendance » du corps épiscopal à l'égard du pouvoir séculier (5). Nulle part, il ne précise la portée de cette expression. D'ailleurs, fidèle à l'esprit « augustiniste » — et même à l'esprit chrétien tout court, — il montre un grand détachement vis-à-vis des *leges humanæ*, expression par laquelle il entend souvent les lois du monde (au sens péjoratif)

---

(1) *Ibid.*, n. 5. Le texte (*Instituit ut laicus ordo justitiæ deserviret, atque armis pacem Ecclesiæ defenderet*) est tiré de l'*Historia Translationis* (*P. L.*, t. CVI, col. 389).

(2) Cf. A. Lemaire, *op. cit.*, p. 6 et 7.

(3) *Quispiam... aliquod edictum proponit, quod a sibi subditis et audirer diligenter, et impleri fideliter sagaciterque velit...* (*De I. L.*, l. XX, dans *P. L.*, t. CVI, col. 165 b).

(4) A. Lemaire, *op. cit.*, p. 6.

(5) *V. infr.*, p. 96 et n. 1.

mais aussi parfois les lois civiles, qui sont bien peu de chose en comparaison du *droit céleste* (1).

A l'égard de la religion, le roi, nous l'avons vu, doit se comporter en bon fils, se montrer personnellement excellent chrétien, protéger par les armes temporelles les églises et les serviteurs de Dieu, châtier les impies, rendre prospère le culte divin. Il doit pousser plus loin encore le souci des affaires ecclésiastiques (*in ecclesiasticis negotiis*). L'Église, confiée à sa garde, il doit non seulement la protéger, mais encore, d'une certaine façon, l'instruire et la régir. Le culte, non seulement il doit l'étendre, mais encore, en un certain sens, le gouverner. Il semble qu'il ait à jouer un rôle éminent dans la lutte contre l'hérésie, non seulement en la pourchassant, mais même en la décelant et la condamnant (2). Cependant, sur ces derniers points, il ne faudrait pas trop presser la pensée de Jonas. Sans doute, on a vu les Carolingiens intervenir et dans la liturgie, et sur le terrain dogmatique, et dans les questions disciplinaires relevant du seul droit canonique, sans que l'épiscopat — ni même le Souverain Pontife — ait protesté autrement que par de discrètes mises au point. Mais d'autre part, Jonas fait siennes les déclarations d'Isidore de Séville affirmant que si à l'intérieur de l'Église les autorités temporelles occupent souvent le sommet du pouvoir, cela n'est nécessaire que dans le but d'obtenir par la force ce que le sacerdoce ne peut obtenir par persuasion (3). Au fond, les rois ne sont utiles que parce que le clergé n'est pas assez écouté.

Le roi ne peut pas remplir seul son rôle de juge et de justicier. Sous les Carolingiens, on est frappé de constater que, souvent, de bien légers conflits sont évoqués à la cour.

---

(1) *V. infr.*, p. 165 : *Si mundanarum legum... homines avidissime discere acutissime... quanto magis iura celestia...*

(2) JONAS, *De Cultu*, Præf., dans *P. L.*, t. CVI, col. 305 B : *Ludovicus... in ecclesiasticis negotiis, Deo adminiculante, ad honorem et cultum divinum pertinentibus augmentandis et gubernandis emicuerit.*

(3) *V. infr.*, p. 147 (texte d'Isidore).

C'est qu'il y a, malgré tous les efforts de ces princes, un grand désordre dans l'empire. La force des choses — et aussi l'exemple donné dans l'Ancien Testament — incitent donc à prendre des aides (1). Mais il faut que le roi les choisisse de telle façon qu'ils n'offensent pas le roi des rois — et que lui-même, du fait de leur désignation, ne l'offense pas non plus. Quand les juges sont mauvais, cela est imputable au prince qui leur a confié des charges (2). Il faut croire que les choix faits à cette époque étaient détestables, car les reproches de Jonas atteignent un haut degré de véhémence. L'évêque d'Orléans met en garde — d'après Isidore — contre ceux qui faussent la justice pour des raisons tirées de leur avarice : le bénéfice qu'ils doivent trouver dans leur charge, c'est de mériter le salut éternel, comme faisant leur devoir. Jonas ajoute qu'il faut constituer *ducs* et *comtes* uniquement les hommes qui, se sachant *égaux par nature aux autres hommes* (3), se conduisent avec clémence et justice. Ces fonctionnaires ont, eux aussi, à chercher un modèle dans l'Ancien Testament : c'est Josaphat, établi juge aux portes de Juda, que Jonas leur propose (4). En tout cas, tous leurs jugements retomberont sur eux, il faudra que le roi les en prévienne, de même qu'il est nécessaire qu'il s'enquière de ce qu'ils font : ne doit-il pas rendre compte de l'accomplissement de leur ministère au Juge très juste ?

Ces reproches, le synode de 829 les adressait peut-être spécialement à Bernard de Septimanie et à ses créatures. Dans le *De Institutione Regia*, quoiqu'ils s'appliquent d'une manière générale à tout homme en charge, ils visent particu-

---

(1) *V. infr.*, p. 148 *sq.*
(2) *Ibid.*, p. 148.
(3) *V. infr.*, p. 150. Cette idée de l'égalité de nature revient souvent dans Jonas (comme dans les Pères, S. Augustin et S. Grégoire, entr'autres). Cf., par exemple, *De I. L.*, II, 22 (dans *P. L.*, t. CVI, col. 213) : *L'autorité n'est donnée que pour faire paraître l'égalité de nature, les faibles étant soutenus par les forts.*
(4) *V. infr.*, p. 151.

lièrement les fonctionnaires de cour (1). L'évêque d'Orléans stigmatise leurs discordes, leur rappelle qu'ils doivent vivre entre eux comme des égaux, et résume leurs devoirs mutuels dans le beau mot de Charité. D'autres que lui auraient sans doute « distingué » davantage, en tenant compte de la hiérarchie, et par ailleurs mêlé d'intentions politiques leurs reproches et leurs conseils. Mais Jonas parle morale et religion plutôt que politique, et intervient surtout ici comme dans le reste de son œuvre, *ratione peccati*.

Si le prince gouverne bien selon *la justice* — c'est-à-dire s'il remplit tous ses devoirs — envers Dieu, l'Église, lui-même et le peuple, si, en plus, il a eu soin de constituer au-dessous de lui des fonctionnaires agissant également avec justice, il en résultera la concorde générale. Il en résultera bien d'autres choses, à en juger d'après la curieuse énumération que Jonas emprunte aux *Abusiva* : « La justice du roi, c'est la paix des peuples, la sauvegarde du pays, la sécurité de la plèbe, le soutien des gens, la guérison des malades, la joie des hommes, la douceur du temps, la sérénité de la mer, la fécondité des terres, la consolation des pauvres, l'assurance des héritages pour les enfants, et pour le souverain lui-même l'espoir fondé de la béatitude à venir » (2).

Mais ce tableau idyllique a un envers, où figurent toutes les calamités possibles, depuis les invasions ennemies jusqu'aux dévastations que fait subir la foudre aux moissons, aux pampres et aux fleurs. Et de même qu'il est constitué premier de tous ici-bas, le roi sera le premier pour le châtiment dans l'autre monde, s'il ne gouverne pas avec justice (3).

Nous avons déjà noté que l'injustice du roi prive du sceptre sa descendance ; mais lui-même pourra-t-il être dépossédé ? Son trône sera ébranlé (4), mais comment et

---

(1) *V. infr.*, p. 160, 161.
(2) *Vide infr.*, p. 141.
(3) *Vide infr.*, p. 141 : *sicut... primus in throno*.
(4) *Vide infr.*, p. 154 : *lesiones viduarum... evertant.*

par qui ? Beaucoup d'exemples sont donnés où la Providence est montrée comme châtiant les rois mauvais, dès cette terre (1). Mais aucun pouvoir humain n'intervient-il légitimement pour punir le souverain injuste et épargner au royaume les malheurs qui le menacent ?

Les sujets. — A lire le début du chapitre VIII du *De Institutione Regia*, il semblerait que la soumission des sujets dépendît exclusivement de la justice du roi, et donc que l'injustice du roi légitimât la désobéissance des sujets : c'est *parce que* le pouvoir royal doit légiférer selon l'ordre de la justice que ses sujets ont l'obligation de lui être soumis (2). Cependant, la suite du chapitre — entr'autres textes — montre que telle n'est pas la pensée de Jonas. L'évêque d'Orléans rappelle avec force, au contraire, qu'il faut obéir aux puissants, et s'intéresser au salut de leur âme, qui passe en toute première ligne — avant même l'intérêt général (3). Si Jérémie prescrit de prier pour un Nabuchodonosor (4), à plus forte raison doit-on supplier Dieu en faveur d'un roi chrétien. Pas plus que le prince n'a le droit de juger l'épiscopat, le peuple n'a le droit de juger le prince. Qu'il obéisse et qu'il prie : ainsi assurera-t-il autant que cela dépendra de lui, son salut et la prospérité du royaume.

L'épiscopat. — Si les sujets — considérés dans leur ensemble — ne peuvent qu'obéir et prier, peut-être l'épiscopat a-t-il l'autorité voulue pour faire rentrer dans le devoir les princes injustes ? Jonas rappelle que les rois doivent avant tout soumettre leur puissance à la sainte religion. Et il reproduit, nous l'avons vu, les lieux communs en cours à son époque relativement à la précellence du pouvoir épiscopal, ce pouvoir qui détient les clefs, gère ici-bas la charge

---

(1) *Vide infr.*, p. 153.
(2) *Vide infr.*, p. 157 : *oportet ut omnes subiecti...*
(3) *Vide infr.*, p. 157 : *specialiter ei primum ad salutem anime sue procurandam...*
(4) *Vide infr.*, p. 158.

dévolue à Saint Pierre et représente ce Juge des Juges par qui les rois seront examinés sans appel (1). Si l'*ordre laïque* a pour rôle de servir la justice, et l'*ordre monastique*, de vaquer à l'oraison, l'*ordre épiscopal* doit veiller avec sagesse (*superintendere*) sur tout et sur tous, nous dit l'évêque d'Orléans (dans la préface de l'*Historia translationis*) (2). Mais le roi n'est-il pas au-dessus de cet ordre laïque dont les fonctions sont ainsi limitées ? Nous savons que les Carolingiens empiètent parfois jusque sur les prérogatives purement ecclésiastiques, mais nous savons également que leur bienfaisance seule les en excuse : le pouvoir temporel n'est utile que parce que le pouvoir spirituel n'est pas aussi puissant qu'il le faudrait (3). La superintendance, les évêques ont bien à l'exercer à l'égard du souverain et de son ministère même temporel.

Ce n'est pas qu'il faille attribuer à ce droit de regard une portée absolue. En 829, l'épiscopat gallo-franc l'envisage surtout du côté négatif. Il revendique le rôle de juge universel que lui reconnaît la pseudo-déclaration de Constantin (4), mais il serait déjà bien satisfait s'il pouvait échapper, pour son compte, au contrôle et à l'oppression des laïques. Les théories dépassent de beaucoup les possibilités. Ce qu'il faut viser en premier lieu, c'est l'indépendance de l'Église, trop souvent maltraitée, et l'immunité de ses biens, trop souvent spoliés (5). A atteindre cet indispensable objectif, les évêques emploient leur énergie, sans aller cepen-

---

(1) *Vide infr.*, p. 146.
(2) *P. L.*, t. CVI, col. 389 D.
(3) *Vide infr.*, p. 147 (citat. d'Isidore).
(4) *Vide infr.*, p. 137. — La même « déclaration de Constantin » est reproduite par Jonas également dans le *De I. L.*, II, 20 (*P. L.*, t. CVI, col. 210) où elle se trouve suivie par une citation d'Isidore (*Rectores... a suis... subditis nequaquam sunt judicandi*) qui appuie notre remarque.
(5) Cf. Jonas, *Ibid.*, col. 211 : *Quapropter cavendum est quibusdam laicis, ne sacerdotes Domini tanto despectui habeant, ne eos opprimantes expolient... sicut facere solent.*

dant jusqu'à réclamer explicitement — comme le fera bientôt l'auteur des Fausses Décrétales — des garanties de procédure et des voies d'appel déterminées.

Toutefois — on ne saurait s'y méprendre — ce que le concile réclame, en théorie, ce sont des positions dominatrices quant à l'influence et une situation privilégiée quant aux biens. Pour assurer la « réforme », ne faut-il pas une Église non seulement libre, mais puissante, d'autant plus puissante que le souverain est moins bien intentionné ou moins fort ? Comme nous l'avons indiqué, le « *consultum conferamus* » (1) de l'épiscopat sur le ministère royal répond au « *consultum ferre* » (2) du roi sur ses sujets. Il reste aussi mal défini que lui. Mais dans les deux cas, il s'agit de la plus haute autorité qui soit, dans son domaine. Le « sacerdoce » est la tête de l'Église (à laquelle appartient le roi) aussi bien que le roi est la tête du peuple (auquel appartient chaque évêque) (3). Le roi occupe parfois, il est vrai, dans l'Église, la cime du pouvoir (4), mais c'est pour mieux assurer l'obéissance due au « sacerdoce ». C'est au sacerdoce qu'en définitive incombe la responsabilité de l'observation ou de la violation des « *jura coelestia* », qui priment infiniment sur les « *mundanas leges* » même les plus respectables. On conçoit qu'ainsi envisagé le droit de regard des évêques puisse aller très loin — d'autant que même leur injustice et leur mauvaise conduite ne sauraient affaiblir le respect dû

---

(1) V. *infr.*, p. 135 : *ne... a voluntate Dei... in ministerio quod vobis commisit, erretis... opportunum consultum saluti vestræ conferamus.* — Cf. dans le *De Cultu*, Præf. (P. L., t. CVI, col. 306), la définition parallèle appliquée au rôle auquel Claude fut appelé lorsqu'on lui confia le siège de Turin : *ut Italicæ plebis... sacræ doctrinæ consultum ferret.*

(2) V. *infr.*, p. 157 : *Constat regalem potestatem*, etc...

(3) Cf. Jonas, *De I. L.*, II, XX (P. L., t. CVI, col. 210), citant S. Jean Chrys. : *Sicut corpus cohærere necessarium est, ita et Ecclesiam sacerdoti, et principi populum; utque virgulta radicibus...*

(4) V. *infr.*, p. 147 : Isidorus : *Principes seculi*, etc.

à leur autorité (1), et que les peuples ne seraient fondés à les reprendre qu'au cas où ils s'écarteraient de la foi catholique (2).

Ces positions spéculatives ne sont pas nouvelles, nous l'avons dit. L'évêque d'Orléans le prouve assez par ses références explicites, mais il aurait sans doute pu en donner d'autres. Nous faisons allusion ici, entr'autres précédents, aux célèbres conciles de Tolède (3), que l'on connaissait dans l'empire franc, et qui durent influencer un Théodulf (venu de Septimanie) et même un Jonas (qui avait en mains la Collection Hispana). M. Magnin a écrit que « la faible royauté élective de Tolède... ne put prendre quelque consistance qu'en s'appuyant sur une institution plus forte qu'elle-même..., les conciles nationaux ». Et en effet, beaucoup des formules issues de ces conciles manifestent la prépotence ecclésiastique. Cette dernière n'est-elle pas symbolisée dans la prosternation du roi lorsqu'il se présente devant les évêques assemblés ? (4). Pourtant, il faut se garder de croire qu'une définition « théocratique » soit sortie des conciles espagnols du VIIe siècle, et l'impression finale qu'ils donnent, c'est plutôt celle d'une interpénétration des pouvoirs, d'une confusion dans les institutions, où les hommes de cette époque, comme l'a très bien souligné M. Magnin (5)

---

(1) Jonas, *De I. R.*, II (*V. infr.*, p. 137 : *Licet enim...*) et *De I. L.*, II, XX (*P. L.*, t. CVI, col. 211, 212) : *Bene... agentes non solum venerandi sed etiam imitandi sunt ; male vero agentes venerandi quidem sunt propter ministerium Christi, non tamen imitandi... Sed utrum juste vel injuste obliget pastor, pastoris tamen sententia gregi timenda est... is autem qui sub manu pastoris est, nec pastoris sui judicium temere reprehendat...*
(2) Jonas, *De I. L.*, loc. cit. (col. 210, 211) : *Quod si a fide exorbitaverit rector, tunc erit arguendus a subditis.*
(3) Werminghoff (*op. cit.*) donne à propos des conciles du IXe siècle un grand nombre de références aux conciles de Tolède.
(4) Cf. Concil. Tolet. XVII : *Princeps, religione plenissimus... nostro sese cœtui intulit, ac glorioso capitis verticem cernuo voto reclinans... propriis manibus nobis tomum deferens reserandum* (*P. L.*, t. LXXXIV, col. 527).
(5) *Op. cit.*, p. 91.

ne voyaient que « des alliances très légitimes et très naturelles » parce qu'ils donnaient souvent aux deux Pouvoirs « le même genre de vénération ».

Quoi qu'il en soit de l'influence exacte des Conciles de Tolède sur Jonas d'Orléans, nous avons montré que si, en 829, les évêques mettent l'accent sur leur indépendance trop souvent menacée (et c'est déjà une réaction contre le régime de soumission imposé par Charlemagne) ils n'en revendiquent pas moins, à l'égard du ministère royal, une « superintendance » à laquelle il sera difficile de fixer d'autres limites théoriques que celles imposées par leur propre conscience de sujets et de chrétiens.

Il est bien entendu qu'en tant que sujet, membre d'un corps dont le prince est la tête, chaque évêque est tenu à obéir. Mais quand l'exercice du pouvoir temporel compromet le salut, que fera-t-il ? Que fera le corps épiscopal, surtout ? Mieux que personne, les évêques savent qu'il vaut mieux obéir à Dieu qu'aux hommes. Si donc le souverain ne tient pas compte de leurs conseils, ils seront amenés naturellement à envisager des sanctions. Mais quelles sanctions ?

Bien que dans son Traité Jonas s'en tienne aux menaces, il ne fait pas de doute qu'il reconnaît à l'épiscopat le droit d'appliquer aux princes les censures et peines ecclésiastiques : ses allusions à la conduite d'Ambroise envers Théodose (1) suffiraient à le prouver. Toutefois, malgré des atteintes flagrantes portées au IVe commandement, peut-être s'en tiendrait-il, vis-à-vis de Pépin, aux monitions, aux prières, aux avertissements, et aussi à l'acceptation plus ou moins passive de ces événements par lesquels la Providence ébranle d'ordinaire le trône des rois « injustes ».

Le synode de 829 avait eu d'autres raisons, très mêlées de politique, d'admonester l'empereur lui-même. Et peu de

---

(1) Cf. JONAS, *De I. L.*, II, XX (*P. L.*, t. CVI, col. 211) : *Imitantur ergo in venerandis et obtemperandis sacerdotibus potentia... Theodosium... Sciebat nempe potestatem imperialem, qua insignitus erat, ab illius pendere potestate, cujus famulus et minister Ambrosius erat.*

temps après, certains de ses membres n'hésitèrent pas à envisager la déposition de Louis le Pieux. Mais il faut prendre garde que Compiègne, et même Saint-Médard de Soissons, ne sont pas Canossa.

Le manifeste des révoltés de 830 prend bien soin de déclarer qu'ils combattent non contre l'empereur, mais pour lui, pour la foi qu'ils lui ont jurée et dans l'intérêt du pays : *pro fide regis et regni*. La plupart des rebelles visent réellement, plutôt que l'abaissement de Louis le Pieux, la restauration de l'état de choses compromis par le partage de 829, l'éloignement de Judith, la mort ou l'exil de Bernard de Septimanie. Certains désirent cependant ensevelir l'empereur dans un cloître, et ils tâcheront de l'y résoudre, mais ils hésiteront avant d'envisager la contrainte ouverte. Poussés à bout par la résistance de l'intéressé, l'évêque d'Amiens et l'abbé de Saint-Denys finiront sans doute par proposer la mise en jugement et la déposition de l'empereur, mais ils ne seront pas suivis. Lothaire et Louis le Germanique, appuyés par Agobard et Wala, les mettront rapidement en échec.

Trois ans plus tard, devenus moins loyalistes ou plus audacieux, la majorité des évêques déposeront Louis le Pieux, mais à ce moment encore, malgré le développement des conséquences d'une politique qu'ils jugent néfaste, ils prendront bien soin d'insister sur la libre acceptation de l'empereur. Ils mettront également en un relief tout particulier, les motifs purement religieux de leur décision. Et ainsi, ils laisseront percer qu'ils ne sont pas sans hésitation au sujet de l'étendue de leur droit (1).

Et pourtant, le droit à la déposition pouvait être théoriquement légitimé à partir des deux principes que nous avons rappelés et qu'ils avaient faits leurs : l'autorité épiscopale pèse plus que l'autorité temporelle ; le pouvoir royal n'est

---

(1) Sur les événements en question, il faut lire l'opuscule de M. HALPHEN : *La Pénitence de Louis le Pieux à St-Médard de Soissons* (V. Bibliographie).

établi que pour faciliter le règne de la justice et de la paix.

Peut-être auraient-ils eu moins de scrupules à l'égard d'un simple roi comme Pépin. Mais avec Louis le Pieux en face d'eux, la plupart hésitèrent longtemps. Et la déposition enfin obtenue, à Saint-Médard, le revirement ne se fit guère attendre.

Non pas qu'il y ait lieu d'exagérer l'importance que les évêques attribuent au titre impérial. L'empereur tire ses prérogatives de l'onction, de l'élection, et aussi des aspirations d'une partie du « peuple » vers une chrétienté unifiée. Mais, parmi les évêques, il en est qui ont participé à l'élection ; tous sont représentants de cette Église qui a donné à Louis la double consécration (royale, puis impériale) et les familiers de ce Dieu dont le pouvoir civil tire toute son autorité ; enfin, les grands « impérialistes » — tels Wala — jugent l'idée impériale compromise par l'empereur lui-même.

Ajoutons que certains semblent assez indifférents à l'unité politique. Jonas, Aquitain, fils d'un peuple qui se signala toujours par son particularisme, était sans doute de ces derniers. Il insiste peu sur l'*unité* (1), et s'il emploie une fois le mot « *unanimitas* », qui désignera plus tard une politique (inspirée elle-même de l'ancien Empire de Rome-Constantinople), il lui donne simplement un sens moral (2).

Hommes d'État attachés au grand rêve d'une chrétienté unifiée, ou prélats débordés par les événements, les évêques rassemblés en 829 ou en 833-834 auraient pu tirer les conclusions extrêmes des principes formulés dans les Actes de Paris (829) et dans le *De Institutione Regia*. Ils ne l'ont pas fait.

Plus que beaucoup d'entre eux, Jonas était certes très éloigné de reconnaître explicitement à l'épiscopat le droit d'enlever le pouvoir à Louis le Pieux, et peut-être même à

---

(1) L'absence du mot « *unum* » dans le *De I. R.*, n'est peut-être qu'accidentelle. Toutefois, il était bon de la relever. V. *supra*, p. 48, n. 2.

(2) Ch. III, *in fine*. V. *infr.*, p. 144.

un simple roi très sujet à caution, comme Pépin. Sans doute n'envisage-t-il comme ultime sanction que la pénitence ecclésiastique. Quant aux évêques du parti de Lothaire, s'ils allèrent finalement jusqu'à déposer l'empereur — par une décision suivie d'ailleurs d'un assez prompt repentir — un pouvoir plus élevé que le leur y fut probablement pour beaucoup : Grégoire IV, en effet, avait revendiqué le droit d'intervenir dans les affaires de l'Empire, comme gardien suprême de la paix du monde. Et ce geste avait cristallisé, pour un temps, les velléités « théocratiques » encore impuissantes ou hésitantes — mais assez généralement répandues déjà (comme devait le prouver bientôt l'accueil fait aux Fausses Décrétales).

LE SOUVERAIN PONTIFE. — Dans la doctrine politico-religieuse de Jonas, quelle place tiennent Rome et le Souverain Pontife ? Le *De Institutione Regia* ne nous le dit pas (non plus que les Actes de Paris, 829). Tout juste fait-il une allusion à l'autorité de Pierre, dont les évêques sont ici-bas les représentants (1). Par contre, le *De Cultu Imaginum* renferme plusieurs textes qu'il ne sera pas sans utilité de mentionner ici — même s'ils n'ont pas tous un rapport direct avec notre sujet — d'autant plus qu'Amelung y a relevé tout ce qui pouvait sembler défavorable à la notion de la Primauté pontificale.

L'historien allemand insiste beaucoup sur le sentiment national très profond de Jonas, sur son constant souci de l'honneur de l'église franque, sur ses dispositions à l'égard du Saint-Siège, pleines de vénération, reconnaît-il, mais assez particularistes et très éloignées de cette soumission à l'égard de Rome, qui devint plus tard générale (2).

Il est exact que Jonas est très attaché à cette Gallia dont Saint Jérôme fit un éloge qu'il reproduit avec satisfaction et qui sut rester indemne des erreurs de Félix d'Urgel (3).

---

(1) V. *infr.*, p. 136 : *Petro, cuius vice gerimus...*
(2) AMELUNG, *op. cit.*, p. 16.
(3) JONAS, *De Cultu*, dans *P. L.*, t. CVI, col. 305 B...

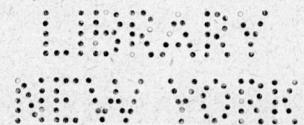

Mais c'est à la Septimanie qu'il l'oppose, à la Septimanie ravagée par l'adoptianisme, et non pas à la Sainte Église romaine, dont l'autorité a été justement invoquée (*adhibita... sanctæ Romanæ Ecclesiæ auctoritate*) (1) par ceux qui pourchassaient l'hérésie.

On ne peut nier, toutefois, que certains passages du *De Cultu* sonnent étrangement aux oreilles catholiques d'aujourd'hui. Commentant le « *Tu es Petrus* », Jonas écrit que par « petra » la plupart des chrétiens (*pene omnes*) désignent la foi de Pierre (2). Amelung souligne cette interprétation, conforme, dit-il, à celle des docteurs les plus éminents de l'Église antérieurs à Léon le Grand, lequel aurait le premier appliqué l'idée de *petra* exclusivement à Pierre et à ses successeurs (3). On reconnaît dans cette vue de l'historien allemand l'un des lieux communs de la critique libérale. On sait d'ailleurs que, après beaucoup d'autres exégètes, M. Loisy lui-même en a fait justice, en montrant que les interprétations sur lesquelles on s'appuie « ne sont pas conformes au sens historique de l'Évangile, et qu'il faut y voir des applications morales ou des accommodations un peu lointaines, qui généralement ne comportaient aucune exclusion du sens naturel et obvie du texte » (4). Tel semble bien être le cas pour Jonas. Claude ayant accusé les pélerins de Rome de faire passer au second plan l'intelligence spirituelle des paroles divines, l'évêque d'Orléans s'efforce de montrer, au contraire, qu'il y a des fidèles conduits au tombeau des Apôtres par la foi et non par la superstition : argument de circonstance qui, sans doute, n'exclut pas plus le sens obvie

---

(1) Jonas, *De Cultu*, dans P. L., t. CVI, col. 309 c.

(2) *Multi namque et pene omnes petram super quam ædificatur Ecclesia, fidem intelligunt beati Petri, quæ communis est totius sanctæ Ecclesiæ.* (*De Cultu*, dans P. L., t. CVI, col. 376 a).

(3) Amelung, *op. cit.*, p. 16.

(4) A. Loisy, *Les Évangiles synoptiques*, t. II, p. 7, n. 1. — Cf. de la Brière, art. *Papauté* du D. T. C., col. 1330 sq.

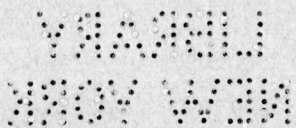

du texte, que les anciens commentaires dont parle M. Loisy (1).

C'est sur la foi de Pierre, mais aussi sur la personne de Pierre, que le Seigneur a bâti son Église. Pierre a reçu de lui le pouvoir des Clefs, c'est-à-dire, explique Jonas, le pouvoir de lier et délier (2). Il l'a reçu comme membre éminentissime (*quasi eminentissimo membro*) (3) de la Sainte Église, de telle façon que c'est par lui que ce pouvoir passe à d'autres. Un tel partage, d'ailleurs, n'est pas pour refroidir la dévotion envers le suprême dépositaire de l'autorité spirituelle : au contraire, l'amour pour celui qui reçut à titre singulier ce que les autres ne possèdent qu'en commun, n'en doit que brûler davantage (4).

Claude ayant soutenu que Pierre, après sa mort, n'a plus souci de la défense de l'Église (5), Jonas lui reproche vivement cette assertion. Mais ici l'ardeur polémique entraîne trop loin l'évêque d'Orléans. Après avoir rappelé que ceux qui gouvernent l'Église à la suite des Apôtres exercent bien l'autorité apostolique elle-même, il affirme, d'une part, que les titulaires actuels des sièges ne possèdent la dignité et le pouvoir correspondants que s'ils maintiennent la justice, et, d'autre part, que les saints évêques défunts ne sauraient être privés des *jura judiciaria* qu'ils possédaient ici-bas (6).

---

(1) Les Pères avaient opposé la foi de Pierre à l'hérésie arienne ; à peu près de la même façon, Jonas pouvait opposer la foi de Pierre aux erreurs de Claude, d'une part, et aux superstitions de certains pèlerins, d'autre part.

(2) Jonas, *De Cultu*, dans *P. L.*, t. CVI, col. 376 A B.

(3) *Ibid.*, col. 376 D.

(4) *Ibid.*, col. 376 D et 377 : *Potior... in ejus devotione amoris concalescit ignis, qui adeo inter reliquos construitur insignis, ut quod omnium est commune, ipse quodammodo accepisse videatur singularis.*

(5) *Ibid.*, t. CVI, col. 378 B C.

(6) *Ibid.*, col. 379, 380 : *Verum quidem est sanctis apostolis apostolorumque successoribus, illis decedentibus, alios eorum loco subrogari,*

D'Achery signale que ces deux propositions — abritées par Jonas sous l'autorité de Saint Grégoire-le-Grand (1) — sont étrangères à la saine doctrine. Et cela est vrai si on les prend dans leur sens rigoureux.

Quand Jonas écrit que ceux qui gouvernent l'Église ne reçoivent la dignité de leurs précédesseurs qu'en tant qu'ils maintiennent le *libramen aequitatis,* on croirait en effet lire par avance les propositions de Wicleff et de Jean Huss condamnées aux sessions VIIIe et XVe du concile de Constance (2) (pour ne citer que ce concile). Mais, dans le *De Institutione Laicali,* ouvrage plus réfléchi et de ton plus modéré que le *De Cultu,* Jonas parle en sens contraire, lorsqu'il affirme — nous l'avons déjà signalé — que les prélats ont droit à l'obéissance même lorsqu'ils se conduisent mal, le cas d'hérésie excepté (3). Et dans le *De Cultu* lui-même, rappelant l'attitude de N. S. à l'égard des Pharisiens, il reprend la même idée : « *Hortatur... ut subjiciamur eis* (aux prélats) *non opera sed doctrina considerantes.* » (4) On ne peut nier que pendant longtemps la perte des pouvoirs d'ordre et de juridiction pour crime d'hérésie, tout au moins,

---

ut quia labili excessu et mortalibus inevitabili debito præsentem deserunt lucem, alii eorum vice substituantur, a quibus sancta Ecclesia pastorali auctoritate gubernetur : nec tamen credendum est vel istos percipere prædecessorum dignitatem, nisi in quantum æquitatis libramen tenuerint ; nec illos amittere jura judiciaria ; cum hominem exuentes ad vitam transeunt potiorem.

(1) Jonas, *De Cultu,* dans P. L., t. CVI, col. 379, n. a et 380 : ...*testis est beatus Gregorius ita dicendo : Unde fit ut ipse hac ligandi et solvendi potestate se privet qui hanc pro suis voluptatibus, et non pro subjectorum moribus, exercet.* Nous n'avons pas trouvé la référence dans S. Grégoire.

(2) Cf. Denzinger-Bannwart, *Enchiridion Symbolorum* : Conc. Constantiense, Sess. VIII, c. 8 : *Si Papa sit præscitus et malus... non habet potestatem super fideles...* (n⁰ 588) et Sess. XV, c. 22 et 30 : *Papa vel prælatus malus et præscitus est æquivoce pastor, et vere fur et latro* (n⁰ 648). *Nullus est dominus civilis, nullus est prælatus, nullus est episcopus, dum est in peccato mortali* (n⁰ 656).

(3) Jonas, *De I. L.,* dans P. L., t. CVI, col. 210 D, 211 A.

(4) Jonas, *De Cultu,* dans P. L., t. CVI, col. 386 c.

n'ait été parfois appliquée et même professée. Mais en déclarant dépossédés de leurs pouvoirs les prélats indignes, peut-être Jonas n'a-t-il voulu énoncer qu'un lieu commun parallèle à celui du *De Institutione Regia* sur les rois qui perdent leur titre pour avoir pratiqué l'injustice. En tout cas, le moins qu'on puisse dire, c'est que sur ce point sa théologie manque de précision.

Il n'est guère mieux inspiré lorsque, par contraste, il prétend que les prélats justes conservent leurs *jura judiciaria* même après leur mort. A ce sujet, d'Achery fait remarquer justement que si le pouvoir d'ordre (le *caractère*) persiste chez les Bienheureux, il n'en est pas de même en ce qui concerne le pouvoir de juridiction (1). A l'appui de sa thèse, Jonas invoque quatre textes, mais ils sont relatifs au jugement universel plutôt qu'à la juridiction d'ici-bas, et c'est tout autre chose (*non erit et alterius ratione*), objecte avec raison d'Achery (2).

Il ne faut pas s'étonner outre mesure de la confusion doctrinale que manifestent les deux passages du *De Cultu* que nous venons de mentionner. Ils font partie d'une œuvre toute polémique, et qui ne brille ni par la mesure ni par l'exactitude. Au surplus, la théologie de l'Ordre — que, suivant la remarque du R. P. d'Alès, « nous pourrions être tentés de trouver toute simple, l'ayant trouvée toute faite » (3) — a demandé pour se préciser et s'achever un travail séculaire de la pensée chrétienne.

---

(1) Cf. *P. L.*, t. CVI, col. 379, n. a.
(2) Deux des quatre textes cités se rapportent exclusivement au jugement universel. Ce sont :
Matth., XIX, 28-29.
Isa., III, 14.
Un troisième, *Prov.*, XXXI, 23, relatif au mari de la Femme forte (Jonas interprète : le prélat juste, époux de la Sainte Église) n'a guère de rapport avec la question. Il en est de même de *I. Cor.*, VI, 3, également invoqué, où saint Paul réclame le droit de juger les choses du siècle, parce qu'il jugera plus tard les anges.
(3) Art. *Ordinations*, du *Dict. Apolog.*, col. 1159.

Quoi qu'il en soit de cette discussion — à laquelle nous avons fait place ici parce que, si elle concerne le Sacerdoce en général, Jonas l'applique plus spécialement au Saint-Siège — Pierre est bien, pour l'évêque d'Orléans, le plus éminent des Apôtres, celui qui a reçu la juridiction à titre singulier et par qui cette juridiction a passé aux autres membres du Collège apostolique. Ce Pierre a un successeur légitime, le Pape, évêque de Rome. Le Pape — le *dominus apostolicus*, comme on disait alors — n'est pas seulement, comme le voudrait Claude de Turin, *apostoli custos*, pédagogue ou intendant de l'Apôtre, mais Vicaire substitué à l'Apôtre pour exercer réellement la charge de l'Apôtre (1).

Malheureusement, après cette déclaration, Jonas appuie encore sur la distinction entre *sedes* et *sedens*, en écrivant : « *Verum quidem esse fatemur non aliquem sedili apostolico ad apostolorum sublevari dignitatem, nisi eum constiterit implere apostolicam operationem* » (2). D'Achery avait certes raison de mettre en note, à cet endroit : *Caute lege*.

Le pape exerce évidemment une primauté éminente sur toute l'Église. Mais quelles peuvent être, aux yeux de Jonas, la nature et les limites de cette primauté ?

Aucun écrit de l'évêque d'Orléans ne traite cette question. Quant à ses attitudes — pour autant que nous en puissions juger — elles ne donnent pas une impression de cohérence,

---

(1) JONAS, *De Cultu*, dans *P. L.*, t. CVI, col. 385 B : *Qua enim de causa Apostolicus dicitur custos, cum non Apostoli tanquam pedagogus vel certe aedituus adhibeatur, sed tanquam vicarius apostolo substituitur.* *Ibid.*, col. 385 C : ...*Apostoli fungens officio*...

A en croire AMELUNG (*op. cit.*, p. 17 *sq.*), les sentiments de vénération théorique professés par Jonas à l'égard du Saint-Siège n'auraient pas empêché l'évêque d'Orléans de reconnaître la légitimité des reproches adressés par Claude aux papes de son temps, et en particulier à Pascal. Nous n'avons pas la même impression. Lorsque Jonas rappelle qu'il ne faut pas mépriser son père, même indigne, cela ne veut pas dire qu'il prend à son compte l'accusation d'indignité. Ne rappelle-t-il pas aussitôt après qu'un évêque ne doit pas juger le pape, son père ? (*loc. cit.*, col. 385, 386).

(2) JONAS, *loc. cit.*, col. 385 C.

même lorsqu'il s'agit de l'autorité en matière proprement dogmatique. En effet, Jonas fait partie de ce concile de Paris (825) qui accuse Hadrien Ier d'avoir erré sur la question des Images, en soutenant le IIe concile de Nicée. Et lui-même accepte la paradoxale mission de faire revenir Eugène II sur ses idées, jugées trop iconophiles, tout en ménageant la « pertinacité » romaine. Mais, par contre, on sait que le concile reconnut que « par les successeurs orthodoxes des Apôtres, l'Église de Rome a toujours ramené au droit chemin ceux qui dans toutes les parties du monde, se sont écartés de la vraie foi » ; et aussi que l'empereur, se défendant de vouloir faire la leçon à Rome, rappela que les évêques francs n'avaient travaillé qu'avec la permission du Pape à la recherche des textes patristiques à l'aide desquels on prétendait l'influencer (1).

Si ce que les évêques pensaient des prérogatives doctrinales du Pape manque à ce point de netteté, on peut s'attendre à plus de flottement encore dans leur conception du Pouvoir de gouvernement du Pontife et des limites entre ce Pouvoir et celui de l'empereur. Ils s'émurent peu des nombreux empiètements de Charlemagne — et même de Louis le Pieux — sur le terrain spécifiquement religieux. Et ce n'est guère qu'en 829 qu'on les voit réclamer avec une certaine énergie — en même temps que la liberté de se désintéresser des affaires séculières, — l'indépendance complète dans les affaires spirituelles. Quant aux Papes, tout en soulignant discrètement les abus de pouvoir des premiers Carolingiens, ils les supportèrent avec patience. Somme toute, la confusion qui régnait dans les idées et dans les faits favorisa longtemps le pouvoir impérial au détriment du pouvoir pontifical.

---

(1) Sur toute cette affaire, cf. TIXERONT, *Hist. de Dogmes*, III, p. 473 à 483, ainsi que HÉFÉLÉ-LECLERCQ, *op. cit.*, p. 43 à 49, et ARQUILLIÈRE et DUBRUEL, art. *Gallicanisme* du Dict. Apol., col. 207. Textes dans *M. G. H., Leg., Conc. æv. karol.* (Werminghoff), t. I, p. 1, p. 473 à 551.

Comme l'a fort bien montré le P. Lapôtre (1), les premiers Carolingiens, pour reconnaissants qu'ils fussent au Pape de l'onction impériale qu'ils en recevaient, considéraient cependant que leur droit à l'empire préexistait à l'action du Saint-Siège. Et d'autre part, d'abord très modestes dans l'exercice de leur souveraineté sur les États pontificaux, ils finirent par organiser efficacement cette suzeraineté, en promulguant la Constitution de Lothaire.

Mais, de leur côté, les Papes ne pouvaient guère se résigner que d'assez mauvais gré et sous l'empire des nécessités, à se comporter en vassaux en tant que souverains temporels de Rome. Et surtout — ce qui nous importe spécialement ici — il leur était impossible de se désintéresser de la façon dont le prince — leur oint — s'acquittait de son ministère. Quelques années seulement après la promulgation de cette charte de 824 qui marquait une grande victoire impérialiste, la faiblesse de Louis le Pieux et l'insoumission de ses fils allaient porter une grave atteinte à l'idée impérialiste elle-même, forcer Lothaire à chercher à Rome les titres de sa prééminence, troubler gravement le fonctionnement de l'empire et finalement motiver et nécessiter l'intervention du Pontife.

C'est sur ce pouvoir d'intervention du Pape qu'il serait surtout intéressant de connaître la pensée de Jonas, pour achever la construction doctrinale trop déficiente du *De Institutione Regia*. Plusieurs de ses contemporains en ont traité. Au cours de la crise de 833, Agobard, dans une lettre à l'empereur (*De comparatione regiminis ecclesiastici et politici*), déclare, en s'appuyant sur l'autorité de Pélage, de Léon et d'Anastase, que le Pape a le droit d'intervenir, *pro quiete et pace populi*, dans la querelle des princes (2). A la même époque, par un saisissant retour des choses, Wala,

---

(1) Lapôtre, *op. cit*, p. 233.

(2) Agobard, De comp. reg. eccl. et pol., IV : *Si nunc Gregorius papa irrationabiliter et ad pugnandum venit, merito et pugnatus et repulsus recedet. Si autem pro quiete et pace populi et vestra laborare*

l'inspirateur de la charte de 824, pourtant, se charge de
porter à Rome un recueil de textes patristiques reconnaissant au Pape la plénitude du magistère et de la juridiction (1).
Et avec lui, tout le parti impérialiste, mû par son attachement même à l'idée impériale, qu'atteignaient gravement
les discordes des princes, se range aux côtés du Souverain
Pontife. Enfin, on sait comment, après avoir rappelé aux
évêques le principe bien connu de la suprématie du pouvoir
ecclésiastique sur le pouvoir séculier, Grégoire IV lui-même
revendiqua et exerça avec énergie, au nom de sa mission de
paix et d'unité, le droit d'intervenir dans l'affaire, politique
au premier chef, qui mettait aux prises Louis le Pieux et
ses fils (2).

Dans cette affaire, nous l'avons dit, Jonas prend parti
pour Louis le Pieux contre Grégoire. Il est sans doute de
ceux qui pensent que ce dernier outrepasse ses droits et
qui, au mépris des anciens canons, comme dit l'auteur de
la *Vita Hludowici Pii*, menacent de l'excommunier (3).

---

nititur, bene et rationabiliter optemperandum est illi (*P. L.*, t. CIV,
col. 296). Les textes invoqués dans cette lettre sont :

Le rappel à l'ordre adressé par Pélage Ier à des évêques qui omettaient de le mentionner au canon de la Messe. Le pape y rappelle
qu'Augustin déclare schismatique celui qui se sépare de l'évêque de
Rome.

La lettre par laquelle Léon commente aux évêques de Vienne le
texte « *Tu es Petrus et super hanc petram*, etc. ».

L'admonition adressée par le pape Anastase à l'empereur, pour réclamer son obéissance au Siège apostolique.

(1) Paschase Radbert, *Vita Walae*, II, 16 : *et dedimus nonnulla
sanctorum Patrum auctoritate firmata, praedecessorumque suorum conscripta, quibus nullus contradicere possit quod ejus esset potestas, imo
Dei et beati Petri apostoli, suaque auctoritas, ire, mittere ad omnes gentes
pro fide Christi et pace ecclesiarum, pro praedicatione Evangelii et assertione veritatis : et in eo esset omnis auctoritas beati Petri excellens et
potestas viva, a quo oporteret universos judicari, ut ipse a nemine judicandus est.* (*P. L.*, t. CXX, col. 1635 a). Paschase ne cite pas les autorités invoquées.

(2) Sur cette intervention, cf. Arquillière, *Sur la form. de la
« théocratie » pontif.*, p. 18 et *sq*.

(3) *P. L.*, t. CIV, col. 963 : *Cum vero rumor usquequaque diffusus
sereret de cœteris quod verum eret, de papa vero Romano, quod ideo*

Cependant, il connaissait, sans aucun doute, les autorités invoquées par Agobard et par Wala. Il avait lui-même rappelé — en les accentuant encore, à l'occasion (1) — les principes qu'ils énonçaient : primauté du spirituel, immunité du Pontife à l'égard de toute judicature humaine. Mais textes et autorités ne descendaient pas jusqu'aux dernières précisions. Et puis, son attachement à la personne de Louis, ainsi que l'étroitesse relative de ses vues, l'empêchèrent de pousser la logique jusqu'au bout.

Plus encore que Charlemagne, l'empereur possédait l'âme d'un juste. Ses faiblesses, et même ses péchés, étaient manifestes ; mais il savait s'en humilier, à l'exemple du roi David. Il désirait sincèrement, passionnément, l'exaltation de la Sainte Église. N'apparaissait-il pas comme l'un des meilleurs ouvriers de la Réforme religieuse et morale à laquelle Jonas était si attaché ? Il avait puissamment aidé Benoît d'Aniane à rétablir la discipline monacale. Il avait fait tout ce que permettait le malheur des temps pour enrayer la sécularisation des biens d'Église (2) et régulariser les élections épiscopales (3). Tout en continuant à vivre dans l'équivoque — heureuse à certains égards, et en tout cas inévitable — que Charlemagne avait entretenue en assumant un rôle de chef religieux, il empiétait avec moins d'assurance que son père sur les attributions proprement ecclésiastiques. Il n'avait pas réussi à maintenir la paix, mais il s'efforçait de pratiquer pour son compte, dans son acception la plus profondément

---

adesset, ut tam imperatorem quam episcopos excommunicationis vinculis irretire vellet, si quis inobedientes essent suae filiorumque imperatoris voluntati parum quid subripuit episcopis imperatoris praesumptio audaciae, asserentibus nullo modo se velle ejus voluntati succumbere; sed si excommunicaturus adveniret, excommunicatus abiret, cum aliter se habeat antiquorum canonum auctoritas.

(1) *V. supr.*, p. 77 et n. 2.
(2) Et cela, non seulement à partir de l'Acte célèbre de 819, mais dès le début de son règne. Cf. Lesne, *Hist. de la prop. eccl. en France*, t. II, fasc. 1, *Les Etapes de la sécularisation des biens d'Eglise du viiie au xe siècle*, Lille, 1922, p. 65, 147 *sq.*, 289.
(3) Cf. Lesne, *op. cit.*, p. 137.

religieuse, *la justice* qui est la source de toute paix véritable.

Cette justice, il n'avait pas su l'imposer à sa maison, et de là provenaient tous ses déboires. Mais en tout le reste, ne remplissait-il pas la définition de son titre de roi, autant que le permettaient ses médiocres capacités et les conditions difficiles qui lui étaient faites ? Prince malheureux plutôt que coupable, malheureux surtout par la faute de conseillers pervers et de fils contempteurs du IVe commandement de Dieu, pouvait-il être abandonné par son ami — évêque, plus moraliste que philosophe, plus pasteur d'âmes qu'homme de gouvernement ?

Qu'aurait fait Jonas, quelques années plus tard, s'il avait asssité aux luttes des trois frères ? Il n'eût guère pu se flatter de voir rétablir la paix, et le règne de la justice lui eût semblé bien compromis, sans doute. Peut-être alors, allant jusqu'au bout des principes posés dans son *De Institutione Regia*, eût-il cherché les conditions de réalisation pratique de l'hégémonie théorique réclamée pour le pouvoir spirituel. Loin de bénéficier de ses revendications, l'épiscopat franc, en humiliant le pouvoir royal, n'avait fait que se mettre lui-même à la merci de l'ennemi commun : les grands laïques spoliateurs. Il eût fallu recourir à une autorité spirituelle plus haute que cet épiscopat, plus dégagée des contingences locales, plus indépendante du temporel. Dans la carence de la « théocratie » impériale, la « théocratie » pontificale était appelée par la logique des événements, aussi bien qu'impliquée dans les principes. C'est faute d'horizon assez vaste que Jonas n'en a pas donné la formule. Mais le *De Institutione Regia* en contient les éléments essentiels.

Par contre, en omettant de parler de la Papauté dans son Traité, en limitant à l'épiscopat franc ses vues sur le pouvoir spirituel, l'évêque d'Orléans s'abstenait d'ouvrir toute perspective sur les possibilités de sanction réellement efficace contre les abus du pouvoir royal. Et, à cause de cela, son ouvrage, auquel son attitude vis-à-vis de Grégoire IV apporte d'ailleurs un commentaire aggravant, pourrait être exploité dans le sens d'un certain gallicanisme politique disposé à voir dans l'épiscopat un pédagogue dont la menace serait l'arme dernière, et à envisager le gouvernement civil, suivant la formule célèbre, comme une monarchie absolue tempérée par des sermons.

CONCLUSIONS

La Renaissance carolingienne a permis d'examiner avec une ampleur et des ressources inconnues jusqu'alors en Occident, les problèmes politico-religieux que posèrent, au début du ixe siècle, des événements historiques considérables.

Parmi ces problèmes, l'un des plus importants est celui des rapports du Pouvoir spirituel et du Pouvoir temporel. Charlemagne l'avait résolu pratiquement avec habileté par la constitution d'une véritable « théocratie » à tête impériale, acceptée de bon gré — malgré des réserves discrètement formulées de loin en loin — par l'autorité ecclésiastique, à qui le souverain assurait une efficace protection.

La faiblesse de Louis le Pieux détruit cet équilibre instable et remet tout en question. Émus par le péril, les théoriciens et les hommes d'action cherchent alors, dans les précédents historiques, des principes spéculatifs ou des solutions pratiques.

Certains hommes d'État (un Wala, surtout) prennent pour objectif le retour à l'état de choses en vigueur sous Charlemagne, le rétablissement de l'unité à la fois spirituelle et temporelle telle que l'avait assurée un moment le grand empereur. Cette unité leur paraît le premier bien à sauvegarder, au besoin contre Louis le Pieux lui-même, qui ne s'en soucie guère. Pour y réussir, ils auront recours à Rome, quitte à renforcer contre elle le pouvoir impérial dès que cela deviendra possible.

Au-dessous de ces grands *proceres*, guidés par eux, parfois, mais ne les suivant pas toujours, d'autres hommes, à visées moins pénétrantes, moins universelles, cherchent dans leur horizon plus modeste le remède aux maux qui dévastent le pays. Jonas appartient à cette seconde catégorie d'esprits. Cela ne veut pas dire qu'il se borne à envisager des solutions purement empiriques et de circonstance. Il est trop homme de la Renaissance carolingienne pour ne pas chercher dans la tradition des principes théoriques en même temps que des recettes. Mais, attaché avant tout à son devoir d'évêque, il se tournera plus souvent vers l'action pratique que vers la spéculation. Bien qu'il lui soit agréable de faire œuvre d'érudit et de lettré, il n'écrira guère que lorsque les circonstances le demanderont. En outre, il se préoccupera du salut des âmes plus que des problèmes qui intéressent la constitution du royaume et la théorie du pouvoir. Aussi, son traité *De Institutione Regia*, qui contient la presque totalité de ses textes politico-religieux, est-il un ouvrage de morale, et de morale religieuse, plus que de politique proprement dite. La politique n'y est qu'un chapitre de la morale.

Dans cette œuvre, rédigée partiellement en 829 et mise en forme de traité au moment de la grande crise de 830-834, l'évêque rappelle quel doit être l'idéal d'un prince. S'arrêtant relativement peu à l'empire christianisé du IVe siècle (et suivants), dont le souvenir hante l'esprit des grands *proceres*, il le cherche dans la *royauté juive* : sa doctrine sera avant tout une *politique tirée de l'Ancien Testament*, bien que l'Évangile et saint Paul lui aient donné le sens d'une certaine *distinction des Pouvoirs*, d'un certain *respect de toute autorité*, que ne comportait guère la théocratie juive — ni même la théocratie instaurée par Charlemagne.

Sa doctrine viendra de l'Écriture Sainte directement,

mais aussi de la *tradition patristique* qui, dans la force d'une quasi-nouveauté, sera personnifiée à ses yeux par les grands Augustinistes, *Bède, Grégoire, Isidore*..., sans oublier Augustin lui-même, dont il possède une connaissance personnelle et approfondie.

L'élément théocratique que l'augustinisme apportait avec lui tient une place considérable dans le livre comme dans la pensée de Jonas, comme dans les idées du concile de Paris de 829 dont l'évêque d'Orléans rédigea les Actes.

On sait que ce concile marque le point culminant des revendications de l'épiscopat franc. Non seulement la primauté du spirituel y est posée en principe absolu, mais encore — malgré des apparences respectueuses — les fondements du pouvoir royal y sont mis en question avec une certaine hardiesse. Pour Jonas, le fondement lointain de l'autorité temporelle, c'est le salut ; son fondement prochain, la poursuite de la justice — entendue encore, de ci, de là, dans un sens naturel, plus ou moins restreint, mais surtout dans le sens augustiniste tel que l'ont défini M. Bernheim et — avec plus de profondeur — M. Arquillière.

Pratiquement, le synode de 829 ne conclut guère. Mais il avait ébranlé l'autorité royale (déjà compromise par la faiblesse de Louis le Pieux) non pas au profit de l'épiscopat, comme on l'aurait pu croire, mais au profit des grands laïques, adversaires communs des évêques et de l'empereur. Et bientôt allait éclater la grande crise qui amènerait Jonas à reprendre son œuvre du synode pour en faire un avertissement à l'égard, non plus de Louis le Pieux, mais de Pépin d'Aquitaine, l'un des chefs des révoltés.

Dans le *De Institutione Regia*, l'évêque d'Orléans donne surtout ses vues sur le pouvoir civil lui-même. Il rappelle avec force que ce dernier doit être soumis au pouvoir spirituel, mais nous n'y trouvons pas d'indication nette sur les sanctions auxquelles sont exposés les rois. Quel recours peuvent avoir des évêques, fraction du « peuple », contre un mauvais roi (et *a fortiori* contre un mauvais empereur), indépendamment des conseils, des menaces, et — dans la mesure possible — des pénitences ecclésiastiques ? Et même si l'épiscopat avait le pouvoir d'aller au-delà, qui unifierait son action en cas de divergences parmi ses membres ? Loin de répondre à ces questions, Jonas ne les pose même pas dans son traité, pas plus que ne les avait posées le concile de 829.

Jonas aurait eu quelque difficulté, sans doute, à envisager de la part de Louis le Pieux, son protecteur et son ami, une résistance coupable aux directions de l'épiscopat, un manquement grave et voulu à la « justice ». Le cas de Pépin ne devait pas lui donner les mêmes scrupules. Et cependant, même alors, il ne tire pas les conséquences extrêmes des principes qu'il rappelle. Peut-être n'attend-il que de la Providence les sanctions terrestres qui doivent punir — ou ramener dans la voie du salut — les souverains temporels sourds à la voix des pasteurs de l'Église (1).

D'autres que lui sauront pousser la logique plus loin que lui, le moment venu. Et ce sera, dans les faits, l'humiliation du pouvoir royal ; dans le domaine intellectuel, l'aurore des doctrines « théocratiques ». Mais pour y arriver, il faudra recourir à l'intervention d'une autorité plus haute que l'épiscopat, plus sûre de ses droits, plus indépendante des royaumes terrestres : celle du Souverain Pontife, arbitre responsable de la paix du monde chrétien.

Le premier « traité » politico-religieux du ixe siècle (premier, abstraction faite de l'ouvrage moins politique encore et plus moral, de Smaragde) n'est guère qu'une « chaîne » constituée avec les éléments fournis par la tradition scripturaire et patristique (surtout augustiniste). Il n'est ni suffisamment complet, ni assez logique, pour qu'on puisse y trouver une doctrine cohérente. Par les principes qu'il rap-

---

(1) Il est d'ailleurs très enclin à la mansuétude à l'égard des pécheurs. — Cf. *De I. L.*, III, 7 : *Condolandum est etiam his et compatiendum qui a semitis rectudinis exorbitant, non insultandum* (*P. L.*, t. CVI, col. 248 c).

pelle, il justifie d'avance (tout compte tenu de la différence des époques, bien entendu) un Grégoire VII gardien de la « justice » et même un Grégoire IV arbitre de la « paix » — *justice* et *paix* étant entendues dans le sens « augustiniste ». Par contre, cependant, en faisant place à la distinction des Pouvoirs posée par le Nouveau Testament, et surtout en omettant de mentionner le dépositaire suprême de l'autorité spirituelle, il pourra fort bien être présenté comme « estreines » à un Louis XIV.

D'ailleurs, dans les matières qu'il touche, comme en bien d'autres, c'est Rome qui — poussée par les nécessités — saura prendre l'initiative des définitions et des actes décisifs.

DEUXIÈME PARTIE

TEXTE CRITIQUE

Epistola ad Pippinum Regem

et

De Institutione Regia

NOTE SUR L'ÉTABLISSEMENT DU TEXTE

Comme nous l'avons indiqué plus haut (chapitre II), nous prenons comme texte de base celui de l'unique manuscrit actuellement connu, le manuscrit D. 168 de la Bibliothèque des Chanoines de Saint Pierre de Rome, en l'amendant d'après l'édition « nouvelle » (1723) de Luc d'Achery, qui tient compte d'un manuscrit « d'Orléans » très incomplet (1) aujourd'hui perdu (et sur laquelle est calquée l'édition Migne).

Le manuscrit D. 168 est généralement donné comme étant du xe siècle, probablement à cause de la mention que l'on retrouvera en note à la fin de notre texte ; mais en réalité, il est beaucoup plus récent : c'est un manuscrit italien de la fin du xive siècle ou du début du xve, peut-être copié, d'ailleurs, sur un manuscrit du début du xie (2).

Nous reproduisons ce manuscrit de Rome en corrigeant les particularités d'orthographe dénuées d'intérêt, en rétablissant autant que possible les formes archaïques, en rectifiant les erreurs et en réparant les omissions d'après ce que nous connaissons — par le Spicilège — du *codex Aurelianensis* ; en établissant, enfin, pour faciliter la lecture, une ponctuation et une division en paragraphes.

---

(1) *V. infr.*, p. 154, note a. Ce manuscrit ne comportait que les six premiers chapitres.

(2) Principales caractéristiques permettant de dater le manuscrit : lettres arrondies ; *e* non cédillé pour æ ; *d* avec jambage prolongé vers le bas et qu'on ne rencontre pas avant le milieu du xive siècle ; points sur les *i* ronds en plusieurs endroits, alors qu'ils sont allongés avant le xve siècle.

Les diverses leçons présentant quelque intérêt sont données en note (1). Le manuscrit de Rome est désigné par R, celui d'Orléans par A, l'édition *originale* du Spicilège par Sp, le texte de l'édition « nouvelle » du Spicilège, reproduit dans Migne, par M. Nous ne tenons pas compte des variantes, insignifiantes, de l'édition Labbe.

Dans le Spicilège (édition nouvelle), et dans Migne, le texte (incomplet) du *De Institutione Regia* renvoie à plusieurs passages du *De Institutione Laicali* de la même édition. Les références à ces passages, dont le commencement et la fin se trouvent d'ailleurs indiqués en note, sont ainsi données : M. I. L., l'indication M étant réservée au texte propre du *De Institutione Regia* dans le Spicilège (édition « nouvelle ») et la Patrologie. Toutefois, ce texte du *De I. R.* est désigné plus complètement par M. I. R. dans les quelques occasions où il y a lieu de le distinguer du texte parallèle du *De Institutione Laicali*.

Le manuscrit R ne comporte pas de crochets, ni de parenthèses. Nous réservons les premiers pour les passages omis dans ce manuscrit. S'ils sont également absents de M (et donc de l'édition « nouvelle » du Spicilège), nous l'indiquons en note. Quant aux secondes, ou elles reproduisent celles de la Patrologie (citations de la Vulgate ou des Pères) ou bien elles remplacent les crochets par lesquels Migne signale les textes complétés d'après des manuscrits du *De Institutione Laicali* négligés par d'Achery.

Les renvois en chiffres se rapportent aux citations.

Les renvois en lettres se rapportent aux variantes. Sauf indication contraire, ils concernent exclusivement le mot ou le membre de phrase entre crochets, qui précède immédiatement le signe.

---

(1) Les simples interversions de mots et les différences d'orthographe insignifiantes ne sont généralement pas relevées.

EPISTOLA AD PIPPINUM REGEM (a)

———

(f. 77). Domino nobilissimo prosapia, pulchritudine atque sapientia prestantissimo Pippino regi gloriosissimo, Ionas, minimus famulorum Christi famulus, presentis futureque vite optans beatitudinem.

Quod tantum temporis effluxit, ex quo ignarus extiti tante prudentie vestre erga regium honorem, tante devotionis erga divinum cultum, tante voluntatis erga divinum timorem et amorem, tante etiam humilitatis erga sacerdotale ministerium, quam vobis nuper gratia Christi (b) administrante inesse didici, nulli (c) alii nisi mee adscribo hebitudini (d). Nec immerito : quippe cum vestre potestati in cuius regno ortus et altus, litterisque admodum imbutus comaque capitis deposita, Christi militie sum mancipatus, iure fideliterque debui obsecundare ei quoquo modo ; utpote verendo et deletiscendo potiusque subterfugiendo propter blasphemias, et obprobria, atque mendacia quorundam pravorum hominum, qui meam extremitatem apud serenitatem vestram astu diabolico, odio et invidia pleno, persepe diffamaverunt, me corpore, non animo subtraxerim, non adtendens illud quod Dominus in consolationem (e) eorum quorum vita malivolorum (f) ore decerpitur (g) per Isaiam prophetam

———

(a) Le manuscrit R commence à *Domino* et n'a pas de titre. Notre texte de l'*Epistola* ne diffère de celui des *M. G. H.* (*Ep. Kar. æv.*) que par de très légères variantes.
(b) Manque dans M.
(c) Manque dans M, ajouté en marge dans R.
(d) *hebetudini*, M.
(e) *consolatione*, M.
(f) *malevolorum*, M.
(g) *discerpitur*, R.

loquitur, dicens : (1) « *Ne timeatis obprobria hominum, neque* (a) *blasphemias eorum metuatis* (b), *quoniam sicut ignis, sic devorabit eos vermis ; et sicut vestimentum sic comedet, eos tinea. Salus autem mea in sempiternum erit, et iustitia mea in generationes generationum.* »

Non igitur presumerem vestre quippiam (c) celsitudini admonitionis gratia scribere, nisi fretus extitissem de vestra cernua sublimitate et experimento didicissem ea que ad amorem et timorem Dei animarumque salutem pertinent, vos ferventer velle discere, et libenter audire. Quoniam memores illius sententie qua dicitur : (2) « *Qui obdurat* (d) *aurem suam ne audiat legem, oratio eius execrabilis erit* », regium fastum deponitis, creatorique vestro (e) famulatum (f) exhibetis, et ad eius salutifera precepta aurem cordis et corporis subponitis. Licet enim, illo (g) donante a quo est omne datum optimum et omne donum perfectum, quid vobis agendum, quidve cavendum sit adprime noveritis et ad id exsequendum plurimos (f. 77') famulatores Christi consultores in promptu habeatis tamen, quia pars illorum fidelissima ex isto et illorum collegio me adscisco et deinceps totis nisibus adscisci exopto, non absurdum debet videri, nec subsicivum haberi exiguum admonitionis munusculum, quod ex modico pectoris mei thesauro vobis domino meo porrigere presumo. Proinde, mi domine rex serenissime, officii mei (h) memor et salutis vestre, quam plurimum cupio, fidelis atque indissimulatus (i) debitor existens, moneo humiliter celsitudinem vestram ut sedulo perpendatis qualiter tempora mundi perpete cursu preterlabantur, et quod eius gaudia omnibus mortalibus luctu finiantur, seu quod honor et amor, illius pompa atque dulcedo omnibus amaritudinem generet, necnon et illud

---

(a) *et*, M.
(b) *intuatis*, R ; *intuamini*, M.
(c) *quidpiam*, M.
(d) *obturat*, M.
(e) *nostro*, M.
(f) *famulum*, R.
(g) Manque dans M.
(h) Manque dans M.
(i) *indissimulator*, R.

(1) *Isa.*, L I, 7, 8 : *nolite timere opprobrium hominum, et blasphemia, eorum ne metuatis. Sicut enim vestimentum, sic comedet eos vermis ; et sicut lanam, sic devorabit eos tinea : Salus...*
(2) *Prov.*, XXVIII, 9 : *qui declinat aures suas.*

quod omnis filius Adam vermis sit et putredo : et quod secundum illud quod voce Dominica primo parenti nostro dicitur quod pulvis sit et in pulverem cito redigatur. Unde scribit quidam :

(1) Brachia non retrahunt fortes nec purpura reges :
Sed quicunque venit pulvere pulvis erit (a).

Quia ergo constat tam labilem, tam fragilem existere hanc vitam, morborum diversorum generibus et multifariarum calamitatum miseriis plenam mortalibus adtributam, debet unusquisque, dum ei vivere conceditur, adtendere ne, aliquo torpore depressus, aut qualibet incuria, aut (b) securitate inlectus, tempora indulta penitentie in vacuum deducat, sed magis propheticis, et evangelicis, atque apostolicis salutariter provocatis eloquiis, Creatorem suum, a quo peccando recessit, penitendo requirere studeat, eumque per dignam penitentie satisfactionem et elemosynarum largitionem, sibi propitium facere satagat, iuxta illud propheticum (2) « *Querite Dominum* (c) *dum inveniri potest, invocate eum dum prope est. Derelinquat impius* (d) *viam suam et vir iniquus cogitationes suas, et revertatur ad Dominum et miserebitur eius* (e) *et ad Deum nostrum, quoniam multus est ad ignoscendum.* Et illud : (3) « *Date Domino vestro gloriam, antequam contenebrescat et antequam offendant pedes vestri ad montes caliginosos.* » Et illud evangelicum : (4) « *Ambulate dum lucem habetis, ne tenebre vos comprehendant.* » Et illud : (5) « *Vigilate et orate* (f), *quia nescitis diem neque horam.* » Et illud apostoli (g) : (6) « *Ecce nunc tempus* (f. 78) *acceptabile, ecce nunc dies salutis.* » Et multa his similia que latius propheticus et evangelicus atque (h) apostolicus exequitur stilus.

(a) *ferit*, R.
(b) *ac*, R.
(c) *Deum*, M.
(d) *inpio*, R.
(e) *ei*, R.
(f) *et orate*, manque dans M.
(g) Manque dans M.
(h) *et*, M.

(1) Fortunatus, *Carm.*, IX, 2, 47, 49. Cf. *P. L.*, t. LXVIII, col. 300.
(2) *Isa.*, LV, 6, 7.
(3) *Jerem.*, XIII, 16.
(4) *Io.*, XII, 35.
(5) *Matth.*, XXIV, 13 : *Vigilate itaque quia.*
(6) *II Cor.*, VI, 2.

Hiis itaque salutiferis exhortamentis quisque fidelis admonitus
et de imis ad superna erectus, totaque fiducia et spe in Creatorem suum suspensus, procul dubio cavet ne non mundo mente
ruat (a), sed potius Christo Redemptori suo, qui ruere nescit,
totis nisibus adheret, dicens gratulabundus cum Psalmographo :
(1) « *Mihi autem adherere Deo bonum est : ponere in Domino Deo
spem meam.* » Sed et hoc nichilominus unicuique vitandum est
ne terram diligat plus quam celum ; sed neque hanc peregrina-
ionem erumpnis oppletam pro patria diligat, sciatque se hic
peregrinum et advenam, alibi civem et domesticum futurum
esse debere. Unde propheta David : (2) « *Quoniam advena ego sum
apud te, et peregrinus, sicut omnes patres mei.* » Et apostolus : (3)
« *Scimus enim quoniam si terrestris domus nostra huius habita-
tionis dissolvatur, quod edificationem habemus, domum non manu-
factam eternam in celis.* »

Igitur quia uniuscuiusque fragile luteumque habitaculum, quo
peregrinatur, cito est solvendum (b), summopere cavendum est
ne propter illius amorem et incentiva desideria, vanasque ac
noxias delectationes, anima, que est celestis origo, pereat in
eternum ; sed ita exterior homo obnoxius (c) corruptioni subii-
ciatur servituti, ut interior de die in diem renovatus ad eternam
gloriam feliciter capescendam (d) preparetur. Satius quippe unicuique mortalium fuerat non subsistere quam propter delecta-
tionem carnales et fumea caducaque gaudia mundi, a felicitate
paradisi sanctorumque (e) angelorum et hominum consortio
extorrem fieri. Verum quia conditio humana et cursus istius
mundi ita se habet, oportet ut idem (f) mundus eiusque divitie
non in desiderio, sed in usu teneantur, iuxta illud apostoli : (4)
« *Qui utuntur hoc mundo, tanquam non utantur* », sciaturque
quod amicitia illius teste apostolo Iacobo, inimica sit Dei,
ita (g) dicente (h) : (5) « *Quicunque voluerit amicus esse seculi*

(a) *nec non mundo ruente ruat*, R.
(b) *dissolvendum*, M.
(c) *noxius*, R.
(d) *capessandam*, M.
(e) *sanctorum*, M.
(f) *isdem*, R.
(g) Manque dans M.
(h) *dicentis*, R.

(1) *Psalm.*, LXXII, 28 : æ*dificationem ex Deo habemus*.
(2) *Psalm.*, XXXVIII, 13.
(3) *II Cor.*, V, 1.
(4) *I Cor.*, VII, 21.
(5) *Jac.*, IV, 4.

huius, inimicus Dei constituitur. » Quibus verbis liquido colligitur
quod nullo (a) amico Dei amicitia huius mundi amplectanda sit,
et quod semper amicis Dei inimicus fuerit. Miserabilis plane et
valde dolenda res est, quando quis inimici sui amicitie iungitur,
et pro noxia mortiferaque amicitia, eternum et immortalem ami-
cum, Creatorem videlicet (f. 78') suum amittit.

Quapropter summopere omnibus qui Christiana professione
censentur, vigilandum et procurandum est ne differant de die in
diem ad Deum conversionem facere ; neque vana se spe deludant,
promittentes sibi aut propter iuventutem, aut propter sanitatem
corporis longinquam vitam, scientes quod mors nulli etati par-
cat (b) et quod omnibus finis diei (c) sui incerta (d) sit. Ergo
spreto antiquo hoste, spretoque mundo, qui in maligno positus
est, spretisque eius divitiis atque calcatis, quotidie de vitiis ad
virtutes, de visibilibus ad invisibilia, de transitoriis ad eterna
salutiferum transitum faciant, quatenus, finito labentis huius
vite excursu, ad eum perveniant a quo, cum non essent, sunt
creati, cum periissent (e), sunt recreati eiusque fide salutariter
insigniti, et ab eo percipiant ea que (1) « *nec oculus vidit, nec
auris audivit, nec in cor hominis ascenderunt, que preparavit Deus
diligentibus se.* »

Hiis ita per antecessum (f) exsecutis, ad te rex bone, rex pul-
cherrime, specialiter sermo mediocritatis mee, rursus dirigitur.
Obsecro itaque et per Dominum supplico, ut ea que paulo supra
generaliter dicta sunt vestra excellentia specialiter sibi adsumere
dignetur Humiliter etiam vestre mansuetudini suggero, ut Dominum Deum tuum, sicut se diligendum cultoribus suis precepit,
(2) « *ex toto videlicet corde, ex tota anima et ex tota virtute semper
diligas,* » eiusque amori nichil preponas. Porro quod proximum
vestrum sicut vosmetipsos diligere debeatis, admonitione mea
non indigetis. Quia igitur quantum orthodoxum virum piumque
Cesarem, dominum nostrum, genitorem vestrum dilexcritis, eique

---

(a) *nulli*, R.
(b) *parcit*, R.
(c) *dies*, Dümmler (M. G. Epist.).
(d) *incertus*, M et Dümmler.
(e) *perissent*, R.
(f) *accessum*, R.

(1) *I. Cor.*, II, 9 : *Quod oculus non vidit... nec in cor hominis ascen-
dit... iis qui diligunt illum.*
(2) *Deut.*, VI, 5 : *Diliges Dominum Deum tuum ex toto corde tuo et
ex tota anima tua, et ex tota fortitudine tua.*

in omnibus fideliter et humiliter subiecti fueritis, eiusque (a) dehonorationem egre tuleritis, omnibus nobiliter, immo memorabiliter, manifestastis ; internis enim precibus Dominum exoro, vosque humiliter admoneo ut semper in eadem dilectione sincerissime, Domino vobis opem ferente, permaneatis, et nullatenus vos qualibet occasione, aut cuiuslibet hortatu, ab eius amore disiungatis, neque eum in aliquo contristetis quia testante Scriptura divina, inter cetera quibus de patre diligendo et amando filium instruit, hoc iubet ut filius non contristet patrem in vita sua. Quantum denique pater a filio diligi et honorari debeat, Dominus specialiter demonstrat, cum in prima tabula de cultu et dilectione sua mandata dedisset, in secunda primum preceptum de patre honorando dedit (f. 79), ita inquiens : (1) « *Honora patrem tuum et matrem tuam ut sis longevus super terram quam Dominus Deus tuus daturus est tibi.* » Multa quidem sunt legalia et evangelica atque apostolica a Domino promulgata precepta quibus pater a filio diligi et honorari precipitur, que, quia vestre sapientie nota sunt, idcirco omittuntur hic. Pro certo autem sciendum est quia quisquis patrem honorat, Deum, qui omnium pater est, honorat, et qui eum dehonorat, illi proculdubio iniuriam ingerit, quia omnium pater est, et a filiis patrem honorandum sancit. Quid vero (b) dispendii, quid malorum, quid meroris, quid oppressionis, quidve miseriarum simultates (c) et discordie que preterito anno, sicut vestra excellentia novit, emerserunt, populo (d) Dei inflixerunt, regnum hoc mirabiliter (e) expertum est, et tripudium diabolo suisque membris magnum factum est. Sed quia, ut credo, Dominus servorum suorum precibus pulsatus et patri vestro propter sua pia religiosaque facta, vobisque et fratribus vestris dominis nostris propter mutuam dilectionem firmandam evidenter propitius factus, ne sanguis populi Christiani vobis commissi, quem diabolus plurimum sitiebat, civiliter et plus quam civiliter funderetur, bellum quod astu diabolico intentabatur avertit ; oportet, immo necesse est, ut vos et fratres vestri, eriles nostri, in mutua dilectione indissolubiliter consistatis, patrique vestro, iuxta paternam reverentiam et divinam ordinationem atque preceptionem, unanimiter con-

---

(a) Manque dans M.
(b) *enim*, M.
(c) *simulantes*, M.
(d) *populi*, R.
(e) *miserabiliter*, M.

(1) *Exod.*, XX, 12 : ...*dabit tibi.*

gruam subiectionem impendatis, et debitum honorem conserve-
tis et indissimulatum amorem (a) exhibeatis qualiter illo vobisque
iure ei parentibus temporaliter principante (b) et populus vobis
commissus quiete et pacifice vivere, et vos, pro officio vobis a
Deo commisso, strenue fideliterque administrato, cum Christo
in perpetuum feliciter mereamini regnare.

Quatuor itaque exstant, domine mi rex, que dictu brevia,
actu vero, Christi gratia adiuvante, facilia, et observantibus
valde proficua, que a vestra solertia, et libenter audiri, et inhianter cupio adimpleri. Primum, ut quotidie unusquisque potius
anime quam corpori consulat, anime sue quidam (c) et ut ita
dixerim (d) magnum peculiare adquirat, quod in eternum possi-
deat ,quoniam, sicut evangelico instruimur oraculo de omnibus
vite nostre temporibus, annis videlicet, mensibus diebus atque (e)
ho (f. 79') ris, ex quo Deus discretionem boni et mali nobis tri
buit, bone operationis fructum a vinea nostra, id (f) est anima,
exacturus est.

Secundum, ut quotidie, excepta illa quam sacerdotibus ad
consilium salutis sue capiendum, Deumque sibi propitiandum
facit, de omnibus peccatis suis Creatori suo confessionem faciat,
et peccata sua ante se constituat, dicens cum propheta : (1)
« *Quoniam iniquitatem meam ego cognosco, et peccatum meum
contra me est semper.* » Cum enim (g) quis peccata sua Deo confi-
tendo coram se ponit, tunc salubriter atque veraciter illum versi-
culum Deo decantat quo dicitur : (2) « *Averte faciem tuam a peccatis meis et omnes iniquitates meas dele* ». Et multa que de hac
confessione in divinis (h) eloquiis continentur.

Tertium, ut diem mortis sue quotidie ante oculos sibi ponat,
ut anima sua irrisionem inimicorum suorum, quando pulsata
fuerit ut a corpore egrediatur, non erubescat ; sed bonis operibus ditata illud in ea adimpleatur quod dicitur : (3) « *Non con-*

(a) *honorem*, M.
(b) *temporaliter principante, vobisque ei parentibus*, M.
(c) *quoddam*, R.
(d) *et ut ita dixerim* manque dans M.
(e) *diebusque atque*, M.
(f) *id*, ajouté en interligne dans R.
(g) *nunc*, M.
(h) *induimus*, R.

(1) *Psalm.*, L, 5.
(2) *Psalm.*, L, II.
(3) *Psalm.*, CXXVI, 5.

fundetur cum loquetur inimicis suis in porta. » Quantum enim (a) illa dies et illa hora tremenda sit, die ac nocte vigilanter perpendendum est. Propter hoc monet Scriptura : (1) « *Fili, in omnibus operibus tuis memorare novissima tua, et in eternum non peccabis.* » Verum si eandem horam sedula meditatione ruminare (b) studuissemus et quia inevitabilis et ineluctabilis est, quantum sit tremenda perpendere curassemus, aut raro aut nunquam peccare presumeremus.

Quartum, ut diem tremendi examinis, que a prophete dicitur : (2) « *Dies ire, dies tribulationis et angustie, dies calamitatis et miserie, dies tenebrarum et caliginis, dies nebule* (c) *et turbinis, dies tube et clangoris,* » et cetera que de ea prolixius in divinis eloquiis scribuntur, quando adstabimus ante tribunal Christi, et reddituri sumus rationem de hiis que per corpus gessimus, sive bona, sive mala, remota omni mortifera securitate et corporis qualibet delectatione, semper pre oculis habeamus, et mente tractemus, et ita nos Domino adiuvante (d) preparemus, ut cum illo ventum fuerit, non cum reprobis dampnari in eternum, sed potius cum electis benedicti (e) in (f) perpetuum regnum cum eis mereamur sortiri.

Restant preterea plura que vestre celsitudini, caritate dictante, scribenda forent, ni veritus fuissem et modum epistolarem excedere et vestre dignationi quoquomodo oneri esse ; que quia (f. 80) hic pretermittuntur, in sequentibus ex oraculis divinis et sanctorum patrum dictis congesta capitulatim ponuntur. Que si legere aut ab alio vobis Domino adminuculante [legi volueritis, quantum] (g) profutura fient (h) satis dici non potest. Sancta et individua trinitas, te, bone rex, interius exteriusque custodiat, et ab hostium visibilium et invisibilium insidiis muniat atque defendat, et post hanc peregrinationem sanctorum regum consortem efficiat.

(a) *nunc*, M.
(b) Manque dans M.
(c) *nubule*, R.
(d) *adjuvanto*, M.
(e) *benedici*, R.
(f) *et*, R.
(g) L'expression entre crochets manque dans R. — *Si legere aut ab alio vobis adminuculante quam*, M. — *Si legere volueritis quam*, Sp.
(h) *sint*, M.

(1) *Eccli.*, VII, 40 (*Fili* est au verset 3).
(2) *Soph.*, I, 15, 16 : *Dies iræ, dies illa...*

INCIPIUNT VERSUS BREVITER DIGESTI
ET AD DOMNUM (a) PIPPINUM (b)
REGEM FIDELITER DIRECTI

Rex pie, sume (c) precor, munus quod defero parvum,
    Ut tibi sepe libens munera grata feram.
Verum si vestris fuerit conspectibus aptum,
    Aptius et propere nostra Thalia dabit.
Nam potiora ferunt docti satis arte Maronis,
    His quia cura manet, ars quibus ampla cluit. (d)
Qui quondam metricis ludebam promptus in odis, (e)
    Corpore nunc quasso nihil nisi flere lubet. (f)
Sit Deus ipse tibi tutor fautorque per evum
    Per quem regnare te tuus omnis amat. (f. 80')
Culmina regnandis teneas sic cautus in arvis,
    Ut sis post mortem mansor in arce poli.

(a) *Dominum*, M.
(b) *Pipinum*, R, Dümmler (M. G.).
(c) *summe*, M.
(d) *gluit*, R.
(e) *in* a été rayé dans R (probablement par quelqu'un qui aura cru à la leçon erronée *modis*).
(f) *libet*, R.

DE INSTITUTIONE REGIA

(a) Incipiunt capitula sequentis opusculi

I. — Quod ecclesia corpus Christi sit, et in ea due sint principaliter eximie persone, et quod pro regibus sacerdotes sint Deo rationem reddituri.
II. — De potestate et auctoritate sacerdotali.
III. — Quid sit rex, quid esse, quidve debeat cavere.
IV. — Quid sit proprie ministerium regis.
V (b). — De periculo regis, et quod bene agentes remunerare, [male vero agentes] (c) sua auctoritate comprimere, causamque pauperum ad se ingredi debeat facere.
VI. — Quod equitas iudicii, stabilimentum regni, et iniustitia sit eius eversio.
VII. — Quod regnum non ad hominibus, sed a Deo, in cuius manu omnia regna consistunt detur.
VIII. — Quod potestati regali que nonnisi a Deo ordinata est humiliter atque fideliter cuncti parere debeant subiecti.

(a) Cette table des matières manque dans M.
(b) Le numérotage des chapitres donné à cet endroit sur le manuscrit, est faux : le chiffre V, oublié d'abord (mais interligné après-coup), y est remplacé par VI, VI par VII, etc. jusqu'à XVI, donné deux fois de suite. Ce numérotage n'est que surajouté, en marge, avec l'indication des folios correspondants. Dans le texte lui-même, il est ajouté, en marge également, mais correctement donné.
(c) Partie omise dans la table, mais existante dans le corps du manuscrit.

IX. — Quod ubi caritas non est, nulla bona inesse possunt.
X. — De transgressoribus preceptorum Dei.
XI. — Quod multi professionem christianam verbis tantum teneant, sed operibus negligunt (a).
XII. — Quod gravius puniantur qui fidem Christi perceperunt et in malis vitam finierunt, quam (b) illi qui sine fide mortui sunt et tamen bona opera egerunt.
XIII. — Quod ad ecclesiam orandi gratta frequenter conveniri debeat, et cetera (c).
XIV. — Quod in ecclesia Christi non sit otiosis turpibusque fabulis vacandum, et quod qui hec faciunt non solum sibi peccata non minuant, sed etiam maiora accumulent.
XV. — Quod et in aliis competentibus locis si locus basilice procul fuerit, oratio ad Deum et confessio peccatorum fieri possit et debeat (f. 81).
XVI. — De observatione diei dominici et perceptione corporis et sanguinis Domini nostri Ihesu Christi.
XVII. — Qui imperatorum vel regum veraciter felices dici possint et debeant.

Expliciunt capitula

(a) *negligant*, Sp.
(b) *quam*, Sp.
(c) *et cetera* manque dans le titre donné dans le corps du manuscrit.

Sequitur opusculum, scriptis permodicum, oraculis tamen pergravidum, suisque sectatoribus seseque legere volentibus (a) profuturum

CAPUT PRIMUM (b)

Quod Ecclesia corpus Christi sit,
et in ea due sint principaliter eximie persone ;
et quod pro regibus sacerdotes sint Deo rationem reddituri

Sciendum omnibus fidelibus est quia universalis Ecclesia (c) corpus est Christi et eius (d) caput iidem (e) est Christus, et in ea due principaliter extant (f) eximie persone, sacerdotalis [videlicet et regalis, tantoque est prestantior sacerdotalis] (g) quanto pro ipsis regibus Deo est rationem redditura. Unde Gelasius romane ecclesie venerabilis pontifex ad Anastasium Imperato-

---

(a) *seseque legere volentibus* manque dans M.
(b) Pour l'indication des chapitres, *vide supra*, p. 132, n. b.
(c) Ici, les Actes du concile de Paris intercalent *unum* — O. von Gierke traduit par J. de Pange (*op. cit.*, p. 100, n. 7 et 136, n. 67) ne fait pas de distinction à ce sujet entre les deux textes.
(d) *cujus*, Sp.
(e) *idem*, M.
(f) *exstant*, M.
(g) Texte entre crochets manquant dans Sp, restitué d'après A dans M.

rem scribens : (1) « *Due* (a) (b) *sunt, inquit, Imperator* (c) *auguste, quibus principaliter hic regitur mundus, auctoritas sacra pontificum et regalis potestas : in quibus tanto gravius est* (d) *pondus sacerdotum, quanto etiam pro ipsis regibus hominum in divino sunt examine rationem reddituri.* » Fulgentius quoque in libro de veritate predestinationis et gratie ita scribit : (2) « *Quantum pertinet* (e) *ad huius temporis vitam, in ecclesia nemo pontifice potior, et in seculo christiano imperatore nemo celsior invenitur.* » Ergo quia tante auctoritatis, immo tanti discriminis est ministerium sacerdotum, ut de ipsis etiam regibus (f. 81') Deo sint rationem reddituri, oportet, imo (f) necesse est, ut de vestra salute semper simus solliciti, vosque ne [a] (g) voluntate Dei, quod absit, in ministerio (h) quod vobis commisit, erretis, vigilanter admoneamus, et si, quod absit, ab eo aliquomodo exorbitaveritis, pontificali studio humiliter admonendo, et salubriter procurando, opportunum consultum saluti vestre conferamus, ut non de silentio taciturnitatis nostre dampnemur, sed magis de sollertissima cura et admonitione salutifera remunerari a Christo mereamur.

(a) *Duo*, M.
(b) *quippe* ajouté dans M.
(c) A. *imperatrices*, R.
(d) *est gravius*, M.
(e) *attinet*, M.
(f) *oportet et valde*, A.
(g) Existe dans Sp.
(h) *absit aut a ministerio*, M.

(1) *Due sunt quibus principaliter mundus hic regitur, auctoritas sacra pontificum et regalis potestas : Sed tanto gravius est pondus sacerdotum quam regum, quanto etiam pro ipsis regibus hominum in divine reddituri sunt examine rationem.* GELASE, *ép. VIII, ad Anastasium imperatorem*, dans P. L., t. LIX, col. 42.

(2) *Quantum ergo pertinet ad hujus temporis vitam, constat quia in Ecclesia nemo pontifice potior, et in seculo christiano imperatore celsior invenitur.* FULGENTIUS, *De Verit. prædest. et gratiæ*, liv. II, cap. XXII, nº 38, dans P. L., t. LXV, col. 647.

CAPUT II

De potestate et auctoritate sacerdotali

Quod potestas et auctoritas solvendi (a) et ligandi sacerdotibus, id est successoribus apostolorum, a Christo sit adtributa, evangelica patenter declarat lectio, quod et vestre sapientie non ignorat plenitudo. Unde excellentiam vestram suppliciter convenimus ut per vos proceres, ceterique fideles vestri, nomen, potestatem, vigorem, et auctoritatem, atque dignitatem sacerdotalem cognoscant ; ne eam ignorantes animarum quoquomodo suarum periculum subeant. Qualis igitur sit potestas et auctoritas sacerdotalis, ex verbis Domini facile animadvertitur, quibus beato Petro, cuius vicem indigne gerimus, ait : (1) « *Quodcumque ligaveris super terram, erit ligatum et in celis ; et quodcumque solveris super terram, erit solutum et in celis.* » Et alibi discipulis generaliter dicitur : (2) « *Quecumque ligaveritis* (b) *super terram, erunt ligata et in celis* (c) *et quecumque solveritis super terram, erunt soluta et in celis.* » Et alibi : (3) « *Accipite Spiritum sanctum : quorum remiseritis peccata, remittuntur eis ; et quorum retinueritis, retenta* (d) *sunt.* » Et multa his similia que textus evangelicus

---

(a) *absolvendi*, M, Sp.
(b) *alligaveritis*, M, Sp.
(c) *in cœlo*, M, Sp.
(d) *detenta*, R.

(1) *Matth.*, XVI, 19.
(2) *Matth.*, XVIII, 18.
(3) *Io.*, XX ; 22, 23.

uberius evidenter depromit. Illud quoque ad memoriam, immo ad exemplum eis reducendum est, quod in ecclesiastica historia Constantinus imperator episcopis ait : (1) « *Deus vos constituit sacerdotes, et potestatem (vobis)* (a) *dedit de nobis quoque iudicandi, et ideo nos a vobis recte iudicamur : vos autem non potestis ab hominibus iudicari : propter quod Dei solius inter vos exspectate iudicium, ut* (b) *vestra iurgia, quecumque sunt, ad illud divinum reserventur examen : vos enim* (c) *nobis a Deo dati estis dii, et conveniens non est ut homo iudicet deos, sed ille solus de* (f. 82) *quo scriptum est : Deus stetit in synagoga deorum ; in medio autem deos discernit* (d). »

Licet enim sacerdotes moderno tempore in multis sint negligentes, non sunt tamen vituperandi ac despiciendi, sed propter illum cuius ministerium gerunt, audiendi et congruo honore venerandi. Post apostolos enim ad ipsos hec Domini sententia dirigitur : (2) « *Qui vos audit, me audit : et qui vos spernit, me spernit.* » Attendendum quod Christi sacerdotum spretio ad iniuriam Christi pertinet : plura sunt quippe legalia et evangelica precepta, quibus sacerdotibus obtemperari debere precipitur. Qualis porro vita et actio sacerdotum esse debeat, quales ipsi esse, qualiter ad culmen regiminis venire, qualiter vivere ; qualiter subiectos dictis [et] exemplis debeant docere ; alibi a sanctis et venerabilibus doctoribus satis expressum est. Hic autem de regibus, quorum saluti ministerium sacerdotum solerter prospicere, quorumque armis et protectione Ecclesia Christi debet tueri, prosequendum est.

(a) *vobis*, Rufin.
(b) *et*, Rufin.
(c) *etenim*, Rufin.
(d) *diiudicat*, M.

(1) Rufin, *Hist. ecclesiastica*, I. I, c. 2, dans P. L., t. XXI, col. 468. Citation finale : *Psalm* , LXXXI, 1.
(2) *Luc.*, X, 16.

CAPUT III

Quid sit rex, quid esse, quidve debeat cavere

(1) Rex a recte regendo (a) vocatur. Si enim pie, et iuste, et misericorditer regit, merito rex appellatur, si his caruerit, nomen regis amittit. Antiqui autem omnes reges tyrannos vocabant; sed postea pie, et iuste, et misericorditer regentes regis nomen sunt adepti; (2) impie, vero (b), iniuste, crudeliterque principantibus, non regis, sed tyrannicum aptatum est nomen. Quia ergo rex a [recte regendo] (c) dicitur, primo ei studendum est ut semetipsum suamque domum, Christi adiuvante gratia, ab operibus nequam emaculet, bonisque operibus exuberare faciat, ut ab ea ceteri subiecti bonum exemplum semper capiant. Ipse (d) etiam salutiferis Christi preceptis fideliter atque obedienter obsecundet, et recte agendo eos, quibus temporaliter

---

(a) *agendo*, R.
(b) *vel*, M, Sp.
(c) *agendo*, M.
(d) *ipsi*, R.

(1) Cf. Isidor., *Etymol.*, lib. IX, cap. 3 (n⁰ 19, 20) dans P. L., t. LXXXII, col. 342 (*Rex a recte regendo dicitur. Non autem regit qui non corrigit. Recte igitur faciendo regis nomen tenetur*; *peccando autem amittitur. Unde et apud veteres tale erat proverbium* : « *Rex eris si recte facies, si non facias non eris*) et *Sentent.*, lib. III, cap. XLVIII (*v. infra*, p. 116, n. 3, 4) et S. August., *Epistola seu liber de correctione Donatistarum*, dans P. L., t. XXXIII, col. 801. Le Concile donne : ...*si his caruerit, non rex sed tyrannus est*.

(2) Cf. S. Aug., *De Civitate Dei*, V, 19 (éd. Hoffmann, t. I, p. 253).

imperat, in pace et concordia atque caritate, ceterorumque bonorum operum exhibitione, quantum sibi divinitus datur, consistere faciat et dictis atque exemplis ad opus pietatis et iustitie et misericordie sollerter excitet, adtendens, quod pro hiis Deo rationem redditurus sit, quatenus ita agendo sanctorum regum, qui Deo sincere serviendo placuerunt, post hanc perigrinationem consors (f. 82') efficiatur.

De rege autem, qualis esse vel quid cavere debeat, ita in Deuteronomio legitur : (1) « *Cum ingressus fueris terram quam Dominus Deus tuus dabit tibi, et possideris* (a) *eam, habitaverisque in illa, et dixeris : Constituam super me regem, sicut habent omnes per circuitum nationes, eum constitues, quem Dominus Deus tuus elegerit de numero fratrum tuorum.* » Et post pauca (b) : « (2) *Non habebit uxores plurimas, que inliceant* (c) *animum eius, neque argenti et auri immensa pondera. Postquam autem sederit in solio regni sui, describat* (d) *sibi Deuteronomium legis huius in volumine, accipiens exemplar a sacerdotibus Levitice tribus, et habebit secum, legetque omnibus diebus vite sue, ut discat timere Dominum Deum suum et custodire verba et cerimonias eius que* [*in*] *lege precepta sunt. Nec extolletur* (e) *cor eius in superbiam super fratres suos, neque declinet in partem dextram* (f), *vel sinistram, ut longo tempore regnet ipse et filii eius, super Israhel.* » Adtende, quod timor Dei, et custodia preceptorum eius, et humilitas, que non patitur eum extollere super fratres suos, et iustitie rectitudo non solum regem, sed et filios eius, longo faciat regnare tempore. Ut ergo princeps extollentiam cavere debeat, Ecclesiasticus (g)

(a) *possederis*, M.

(b) M et Sp donnent le texte complet, y compris la citation suivante (remplacée dans R par la liaison *Et post pauca*) : *Non poteris alterius gentis hominem regem facere, qui non ait frater tuus. Cumque constitutus fuerit, non multiplicabit sibi equos, nec reducet populum in Aegyptum, equitatus numero sublevatus : præsertim cum Dominus præceperit vobis, ut nequaquam amplius per eadem viam revertamini.* (*Deuter*, XVII, 15, 16).

(c) *alliciant*, R.

(d) *describet*, M.

(e) *elevetur*, M.

(f) *dexteram*, M.

(g) *Ecclesiastes*, R.

(1) *Deuter.*, XVII, 14, 15.
(2) *Deuter.*, XVII, 17, 20.

admonens ait : (1) « *Principem te constituerunt* (a) ? *Noli extolli, sed esto in illis quasi unus ex ipsis.* » In Proverbiis : (2) « *Rex qui iudicat in veritate pauperes, thronus eius in eternum firmabitur.* » Item : (3) « *Misericordia et veritas custodiunt regem, et roboratur clementia thronus eius.* »

Verum quia sanctorum qui cum Domino regnant, documenta Sancti Spiritus munere prolata, in cordibus auditorum plus valere quam nostre exiguitatis verba non dubitamus, idcirco pauca de verbis beati Cypriani martyris Christi huic opusculo parvitatis nostre quedam inseruimus, que vestre serenitati pre manibus habenda, et sepe legenda, atque tractanda offerimus ; quatenus in eius verbis, quasi in quodam speculo, quid esse, quid agere, quidve cavere debeatis, iugiter vos contemplemini ; cuius verba sunt : (4) « *Nonus,* inquiens, *abusionis gradus est rex iniquus : etenim regem non iniquum, sed iniquorum correctorem esse oportet ; unde in semetipso nominis sui digni* (f. 83) *talem custodire debet. Nomen enim regis intellectualiter hoc retinet, ut subiectis omnibus rectoris officium procuret. Sed qualiter alios corrigere poterit, qui proprios mores, ne iniqui sint, non corrigit ? Quoniam* (b) *iustitia regis exaltatur solium eius et veritate solidantur gubernacula populorum. Iustitia vero regis est neminem iniuste per potentiam obprimere, sine acceptione personarum inter virum et proximum suum iudicare, advenis et pupillis et viduis defensorem esse, furta cohibere, adulteria punire, iniquos non exaltare, impudicos et istriones non nutrire, impios de terra perdere, parricidas et periurantes vivere non sinere, Ecclesias defendere, pauperes elemosinis alere, iustos super negotia regni constituere, senes et sapientes et sobrios consiliarios habere, magorum et hariolorum pithonissarumque superstitionibus non intendere, iracundiam differre, patriam fortiter et iuste contra adversarios defendere, per omnia in Deo vivere, prosperitatibus non elevare animum, cuncta adversa*

(a) *posuerunt*, M et Sp.
(b) *quomodo*, R.

(1) Eccli., XXXII, 1 : *Rectorem te posuerunt ? Noli extolli esto...*
(2) Prov., XXIX, 14.
(3) Prov., XX, 28.
(4) *Liber de XII Abusionibus sæculi*, IX, dans P. L., IV, 877, ou Pseudo-Cyprianus, *De XII abusivis sæculi*, dans édit. Siegmund Hellmann, *Texte u. Untersuchungen zur Geschichte der altchristlichen Literatur*, Leipzig, 1909, p. 51. Nous ne signalons pas parmi les variantes les simples inversions de mots.

patienter ferre (a), *fidem catholicam in Deum* (b) *habere, filios
suos non sinere impie agere, certis horis orationibus insistere,
ante horas congruas non gustare cibum.* (1) « *Ve enim terre cuius
rex est puer, et cuius principes mane comedunt.* » *Hec regni prosperitatem in presenti faciunt, et regem ad celestia regna meliora* (c)
perducunt. Qui vero [*regnum*] (d) *secundum hanc legem non dispensat* (e), *multas nimirum adversitates imperii tolerat* (e). *Idcirco
enim sepe pax populorum rumpitur, et offendicula etiam de regno
suscitantur, terrarum quoque fructus diminuuntur et servitia populorum prepediuntur ; multi etiam* (f) *dolores prosperitatem regni
inficiunt, carorum et liberorum mortes* (g) *tristitiam conferunt* (g),
*hostium incursus provincias undique vastant, bestie armentorum
et pecorum greges dilacerant, tempestates veris* (h) *et hiemis* (i)
*terrarum fecunditatem et maris ministeria prohibent et aliquando
fulminum ictus segetes et arborum flores et pampinos exurunt.
Super omnia vero regis iniustitia non solum presentis imperii
faciem fuscat, sed etiam filios suos et nepotes, ne* (f. 83') *post se
regni hereditatem teneant, obscurat. Propter piaculum enim Salomonis regnum domus Israhel Dominus de manibus filiorum eius
dispersit et propter meritum David regis lucernam de semine eius
semper in Iherusalem reliquit. Ecce quantum iustitia regis seculo
valeat* (j), *intuentibus perspicue patet : pax* (k) *populorum est,
tutamentum patrie, immunitas* (l) *plebis, munimentum* (m) *gentis,
cura languorum, gaudium hominum, temperies aeris, serenitas
maris, terre fecunditas, solatium pauperum, hereditas filiorum et
sibimetipsi spes future beatitudinis. Attamen sciat, quod, sicut in
throno hominum primus constitutus est, sic et in penis, si iustitiam
non fecerit, primatum* (n) *habiturus est. Omnes namque quoscum-*

(a) *tollerare*, dans Hellmann.
(b) *in Deo*, Sp, R.
(c) *meliora* manque dans Hellmann.
(d) *regnum* est dans Hellmann, manque dans R et M.
(e) *dispensant... tollerant*, dans Hellmann.
(f) *Multi et varii dolores*, Hellmann.
(g) *mors... confert*, Hellmann.
(h) *aeris*, Hellmann.
(i) *et emispheria turbata terrarum*, Hellmann.
(j) *valet*, Hellmann.
(k) *pax enim...*, Hellmann.
(l) *unitas*, Hellmann.
(m) *munimen*, Hellmann.
(n) *primatus*, R.

(1) *Eccle.*, X, 16.

que peccatores sub se in presenti habuit, supra se (a) *in illa futura pena habebit.* »

Fulgentius in libro de veritate predestinationis et gratie : (1) « *Clementissimus,* inquit, *imperator, non ideo est vas* (b) *misericordie preparatum in gloriam, quia apicem terreni principatus accepit*; *sed si* [in] (c) *imperiali culmine recta fide vivat, et vera cordis humilitate preditus, culmen regie dignitatis sancte religioni subiiciat*; *si magis in timore servire* (d) *Deo quam in tumore* (e) *dominari populo delectetur*; *si in eo lenitas iracundiam mitiget, ornet benignitas potestatem*; *si se magis diligendum quam metuendum cunctis exhibeat*; *si subiectis salubriter consulat*; *si iustitiam sic teneat, ut misericordiam non relinquat*; *si pre omnibus ita* (f) *se sancte matris ecclesie catholice meminerit filium, ut eius paci atque tranquillitati per universum mundum prodesse* [suum] (g) *faciat principatum. Magis enim Christianum regitur ac propagatur imperium dum ecclesiastico statui per omnem* (h) *terram consulitur, quam cum in parte quacumque terrarum pro temporali* (i) *securitate pugnatur.* »

Ysidorus : (2) «*Qui recte utitur regni potestate, ita se prestare omnibus debet, ut quanto magis honoris celsitudine claret, tanto semetipsum mente humiliet, proponens sibi exemplum humilitatis David, qui de suis meritis non tumuit, sed hu* (f. 84) *militer sese* (j) *deiiciens dicit* : (3) « *Vilis incedam, et vilis apparebo ante Dominum qui elegit me.* »
Item Ysidorus : (4) « *Qui intra seculum bene temporaliter imperat,*

(a) *se modo in*, R.
(b) *estus*, correction *estas* en marge dans R.
(c) *in* (texte de Fulgence dans P. L., *v. infr.*, n. 1) manque dans M.
(d) *serviat* (Fulgence).
(e) Fulg. ; *timore*, R., M.
(f) manque dans Fulgence.
(g) *faciat suum*, Fulg.
(h) *per universam terram*, Fulg.
(i) R, A. ; *templi*, Sp.
(j) *se*, M.

(1) Fulgent., *De Ver. præd. et grat.*, lib. II, cap. 22 (n° 38), dans P. L., t. LXV, col. 648.
(2) Isidor., *Lib. III Sentent.*, cap. 49, n° 1, dans P. L., t. LXXXIII, col. 720.
(3) *II Reg.*, VI, 22.
(4) Cette citation et la suivante (attribuée à Grégoire) sont dans Isid., *Lib. III Sent.*, cap. 48 (n°s 8, 7 . Elles sont conformes au texte (P.L., t. LXXXIII, col. 719), sauf *invenimus*, qui manque, et *pacificare* pour

DE INSTITUTIONE REGIA

sine fine [*in*] (a) *perpetuum regnat*; *et de gloria huius seculi ad eternam transmeat gloriam. Qui vero prave regnum exercent, post vestem fulgentem et lumina lapillorum, nudi et miseri ad inferna torquendi descendent* (b). *Reges a recte agendo* (c) *vocati sunt, ideoque* (d) *recte faciendo regis nomen tenetur, peccando amittitur.* » Gregorius in Moralibus : « *Nam et viros sanctos proinde reges vocari in sacris eloquiis* [*invenimus*] (e) *eo quod recte agant, sensusque proprios bene regant, et motus resistentes sibi rationabili discretione componant. Recte igitur illi reges vocantur, qui tam semetipsos quam subiectos, bene regendo pacificare* (f) *noverunt. Quidam ipsum nomen regiminis ad imanitatem* (g) *transvertunt crudelitatis, dumque ad culmen potestatis venerunt, in apostasiam confestim labuntur, tantoque se tumore* (h) *cordis extollunt, ut cunctos subditos in sui comparatione discipiant* (i), *eosque quibus preesse contigit, non agnoscant* ». Et paulo post : (1) « *Dum mundi reges sublimiores se ceteris sentiunt, mortales tamen se esse agnoscant, nec regni gloriam, qua in seculo sublimantur aspiciant, sed opus quod secum deportant, intendant.* » Item non post multa : (2) « *Reges* (j) *quando boni sunt, muneris est Dei* (k); *quando vero mali, sceleris est* (k) *populi. Secundum meritum enim plebium* (l) *disponitur via* (m) *rectorum, testante Job* : (3) « *Qui regnare facit hypocritam propter peccata populi. Irascente enim*

(a) M., Sp.
(b) *descendunt*, R.
(c) *agendi*, R.
(d) *ideo quia*, Sp.
(e) *novimus*, M, Sp.
(f) *modificare*, Sp.
(g) R; *immanitatem*, M; *immunitatem*, Sp.
(h) *timore*, R.
(i) *despiciant*, M.
(j) *Regens*, R.
(k) qn boni sunt, muneris esse Dei : qn vero mali, sceleris esse populi, R.
(l) *secundum enim plebium meritum*, M. *plebeium*, Sp.
(m) *vita*, M.

modificare. Il est probable que le manuscrit dont usait Jonas portait une référence aux *Moralia* (cf. P. L., *loc. cit.*, col. 719, n. 7).

(1) et (2) Isid., *Sentent.*, *lib. III*, c. 48 (nos 9 et 11), dans P. L. t. LXXXIII, col. 719 et 720. *V. infra*, p. 156, une partie de la dernière citation, donnée comme étant d'Isidore et non pas de S. Grégoire le Grand. Ces deux citations, comme les précédentes, sont conformes au texte de Migne.

(3) *Job*, XXXIV, 30 (*v. infr.*, p. 156, n. 2).

Deo, talem rectorem populi suscipiunt, qualem pro peccato merentur. Nonnunquam pro malitia plebis etiam reges mutantur ; et qui ante videbantur esse boni, accepto regno fiunt iniqui. »

His ita premissis, studendum est regi ut non solum in se, verum etiam in sibi subiectis regis nomen impleat, provideatque ut populus sibi subiectis, pietate, pace, caritate, iustitia, et misericordia atque concordia et unanimitate, ceterisque bonis exuberet operibus ; ut hec habentes, Dominum (a) secum habere mereantur ; sciatque certissime quod non solum de se, verum etiam de ipsis Dominus ab eo fructum [bonum] (b) bone operationis exacturus est.

(a) *Deum*, M, Sp.
(b) manque dans Sp.

CAPUT IV

(f. 84') Quid sit proprie ministerium regis

(1) Regale ministerium specialiter est populum Dei gubernare et regere cum equitate et iustitia, et ut pacem et concordiam habeant studere. Ipse enim debet primo defensor esse ecclesiarum et servorum Dei. [Ipsorum etiam officium est saluti et ministerio sacerdotum solerter prospicere, eorumque armis et protectione Ecclesia Christi debet tueri (a) :] viduarum, orphanorum, ceterorumque (b) pauperum, necnon [et] omnium indigentium [inopia defendi] (c). Ipsius enim terror et (d) studium huiusmodi (e), in quantum possibile [est] esse debet : primo, ut nulla iniustitia fiat ; deinde, si evenerit, ut nullo modo eam subsistere permittat, nec spem delitescendi, sive audaciam male agendi cuiquam relinquat ; sed sciant omnes quoniam si ad ipsius notitiam pervenerit quippiam mali quod admiserint, nequaquam incorreptum (f) aut inultum remanebit ; sed iuxta facti qualitatem erit et modus iuste correptionis (g) Quapropter [hoc] in throno regiminis positus est ad iudicia recte peragenda, ut ipse per se provideat et perquirat, ne in iudicio aliquis a veritate et

---

(a) Le membre de phrases entre crochets est donné, par M et Sp, d'après A.
(b) *et ceterorumque*, R.
(c) A. Après *inopia defendi*, A donne immédiatement : *ut nullam injustitiam faciat*.
(d) *ac*, M.
(e) R, Sp. *hujuscemodi*, M.
(f) *incorrectum*, R, Sp.
(g) A, R. *correctionis*, Sp.

(1) Cf. Isidore, *Sentences* (P. L., t. LXXXIII, col. 718-725).

equitate declinet. Scire etiam debet quod causa, quam iuxta ministerium sibi commissum administrat, non hominum, sed Dei causa existit, cui pro ministerio quod suscepit, in examinis tremendi die rationem redditurus est. Et ideo oportet ut ipse, qui iudex est iudicum, causam pauperum ad se ingredi faciat, et diligenter inquirat, ne forte [illi] qui ab eo constituti sunt, et vicem eius agere debent in populo, iniuste aut negligenter pauperum (a) oppressiones pati permittant.

De ministerio autem regis ita Iob loquitur : (1) « *Cumque sederem quasi rex, circumstante exercitu, eram tamen merentium consolator. (2) Auris audiens beatificabat me, et oculus* (b) *videns testimonium reddebat michi, quod liberassem pauperem vociferantem, et pupillum cui non esset* (c) *adiutor. Benedictio perituri super me veniebat, et cor vidue consolatus sum. Iustitia indutus sum, et vestivit* [me] *sicut vestimento et diademate iudicio meo* (d). *Oculus fui ceco et pes claudo. Pater eram pauperum, et causam quam nesciebam diligentissime investigabam. Conterebam molas iniqui, et de dentibus illius auferebam predam.* » Salomon : (3) « *Rex qui sedet in solio iudicii, dissipat omne malum in intuitu suo.* » Item : (4) « *Dissipat inpios rex sapiens, et curvat super eos fornicem.* » Item : (5) « *Iudex* (f. 85) *sapiens iudicabit* (e) *populum suum, et principatus sensati stabilis est* (f). » Item : (6) « *Rex iustus erigit terram, et vir avarus destruit eam* ». In libro Sapientie : (7) « *Diligite iustitiam, qui iudicatis terram. Sentite de Domino in bonitate, et in simplicitate cordis querite illum* (7). » Item ibi : (8) « *Audite* [ergo], *reges, et intelligite ; discite, iudices finium terre. Prebete aures vos qui continetis multitudines, et placetis vobis in turbis nationum. Quoniam data est a Domino potestas vobis, et virtus ab Altissimo, qui interrogabit opera vestra, et cogitationes scrutabitur.*

(a) R, Sp. *pauperes*, M.
(b) *oculos*, M.
(c) *erat*, M.
(d) *iudicium meum*, M.
(e) *vindicabit*, A, R.
(f) *erit*, M.

(1) Cf. *Job*, XXIX, 7. (*V. infra*, p. 121, n. 3).
(2) *Ioh.*, XXIX, 14-17 ...*iudicio meo*...
(3) *Prov.*, XX, 8.
(4) *Prov.*, XX, 26 : ...*incurvat*...
(5) *Eccli.*, X, 1.
(6) *Prov.*, XXIX, 4 : ...*destruet*...
(7) *Sap.*, I, 1.
(8) *Sap.*, VI, 2, 9.

Quoniam cum essetis ministri regni illius (a), *non recte iudicastis, nec* (b) *custodistis legem iustitie, neque secundum Dei voluntatem* (c) *ambulastis. Horrende et cito apparebit vobis, quoniam iudicium durissimum* [*his*], *qui presunt, fiet. Exiguo enim conceditur misericordia : potentes autem* (d) *potenter tormenta patientur. Non enim subtrahet personam cuiusquam Deus* (e), *nec verebitur* (f) *cuiusquam magnitudinem quoniam pusillum et magnum ipse fecit, et equaliter pro omnibus cura est illi* (g), *fortioribus autem fortior instat cruciatio.* »

Ysidorus : (1) « *Principes seculi nonnunquam intra Ecclesiam potestatis adepte culmina tenent, ut per eandem potestatem disciplinam ecclesiasticam muniant. Ceterum, intra Ecclesiam potestates necessarie non essent, nisi ut, quod non* (h) *prevalet sacerdos efficere per doctrine sermonem, potestas hoc imperet per discipline terrorem. Sepe per regnum terrenum celeste regnum proficit; ut qui intra Ecclesiam positi contra fidem et disciplinam Ecclesie agunt, rigore principum conterantur; ipsamque disciplinam, quam Ecclesie humilitas* (i) *exercere non prevalet, cervicibus superborum potestas principalis imponat; et ut venerationem mereatur, virtutem potestas* (j) *impertiat. Cognoscant principes seculi Deo debere se reddere rationem propter Ecclesiam, quam a Christo tuendam suscipiunt. Nam sive augeatur pax et disciplina Ecclesie per fideles principes, sive solvatur, ille ab eis rationem exiget, qui eorum potestati suam Ecclesiam credidit.* »

Sunt et alia utriusque Testamenti oracula copiosa, quibus affatim (k) adstruitur (l) quod rex ministerium (m) sibi commissum secundum voluntatem Dei exercere et adimplere debet, que hic ob prolixitatem vitandam pretermittuntur.

(a) *ministri eius*, R.
(b) *neque*, R.
(c) *voluntatem Dei*, M.
(d) *enim*, R.
(e) *Dominus*, R.
(f) *revebitur*, R.
(g) *cura est illi de omnibus*, M.
(h) *non* manque dans M.
(i) *utilitas*, R, M.
(j) *virtute potestatis*, Isid. (*v. infr.*, n. 1).
(k) *affatum*, R.
(l) *instruimur*, A, *instruitur*, M.
(m) *ministerium suum*, M.

(1) Isid., *Sentent.*, lib. III, cap. 51, n° 4-5-6, dans P. L., t. LXXXIII, col. 723 et 724.

CAPUT V (a)

(f. 85') DE PERICULO REGIS, ET QUOD BENE AGENTES REMUNERARE MALE VERO AGENTES SUA AUCTORITATE COMPRIMERE, CAUSAMQUE PAUPERUM AD SE INGREDI DEBEAT FACERE

Ad peccatum regis pertinet (b), quando iudicibus ministrisque iniquis ministerium suum implendum committit. Neque ministerium suum per alios tantum administrare, et se ab eo debet alienare. Non ergo dicimus ut solus iurgia et querimonias populi audiat et investiget, et definiat, quoniam nequaquam ad hec solus (c) sufficere potest; sed magis ut tales sub se timentes Deum (d) et avaritiam odientes constituat, per quos Regem regum non offendat. Quales autem constituendi sunt (e), liber Deuteronomii manifeste demonstrat, in quo legitur : (1) « *Iudices et magistros constitues in omnibus portis tuis, quas Dominus Deus tuus dederit tibi, per singulas tribus tuas, ut iudicent populum iusto iudicio, nec in aliquam* (f) *partem declinent* ». Item idem (g) : (2) « *Dixique vobis in illo tempore : Non possum solus sustinere vos,*

(a) Ce chapitre manque dans A (Cf. *P. L.*, t. CVI, col. 282, note f.).
(b) *Ad... pertinet* en majuscules dans R.
(c) manque dans M, Sp.
(d) manque dans M, Sp.
(e) *sint*, M, Sp.
(f) *alteram*, M, Sp.
(g) *Item Ibi*, R. *Item Ibidem*, Sp.

(1) *Deuter.*, XVI, 18.
(2) *Deuter.*, I, 9-13.

quia (a) *Dominus Deus vester multiplicavit vos, et estis hodie sicut
stelle celi, plurimi* (b). *Dominus Deus patrum vestrorum addat ad hunc
numerum multa milia, et benedicat* (c) *vobis sicut locutus est. Non
valeo solus sustinere vestra negotia et pondus ac iurgia. Date ex* (d)
*vobis viros sapientes et gnaros, et quorum conversatio sit probata in
tribubus vestris.* » Iob : (1) « *Quando procedebam ad portam civitatis, et in platea parabant* (e) *cathedram michi. Videbant me iuvenes, et abscondebantur, et senes adsurgentes stabant Principes cessabant loqui, et digitum superponebant ori suo.* » Cum quibus
etiam rex pondus regiminis sui partiri debeat, liber Exodi demonstrat, in quo legitur (2) « *Provide autem de omni plebe viros potentes
et timentes Deum, in quibus sit veritas, et qui oderunt avaritiam, et
constitue ex eis tribunos et centuriones, et quinquagenarios* [*et
decanos*], *qui iudicent populum omni tempore. Quidquid autem
maius fuerit, referant* (f) *ad te, et ipsi minora tantummodo iudicent : leviusque tibi sit partito* (g) *in alios onere. Si hoc feceris,
implebis imperium Domini* (h), *et precepta eius poteris sustentare ;
et omnis hic populus revertetur* (i) *cum pace ad loca sua.* » Quibus
(f. 86) auditis, Moyses fecit omnia que ille suggesserat ; et electis
viris strenuis de cuncto Israhel, constituit eos principes populi,
tribunos et centuriones, et quinquagenarios et decanos (j) qui
iudicabant plebem omni tempore ; quidquid autem gravius (k)
erat, referebant ad eum.

Quod vero causam pauperum ad se ingredi facere, et diligenter
debeat inquirere, dat intelligi illud quod legimus, antiquitus
iudices idcirco in porta ad iudicandum sedisse, ut nullus accedendi difficultatem, aut quispiam civium vim aut calumpniam
necesse haberet sustinere. Ideo et Iehrusalem civitas iusti vocata
est, quamdiu in ea exercebantur iudicia, quod non permittebatur in ea a rectoribus iniquitas permanere (l). Quod vero rex

---

(a) *quoniam*, R.
(b) *plurime*, R.
(c) *faciat*, R.
(d) *e vobis*, R.
(e) *parabam*, R.
(f) *referent*, R.
(g) *partitim*, R.
(h) *Dei*, M, Sp.
(i) *revertitur*, R.
(j) *dedanos* (?), R.
(k) *gravis*, R.
(l) *in ea recioribus permanere*, M, Sp.

(1) *Job*, XXIX, 7-9.
(2) *Exod.*, XVIII, 21-23 : ...*oderint*...

bonos sublimare, quod malos debeat comprimere, apostolus
Petrus docet dicens : (1) « *Subditi [igitur] estote omni humane
creature propter Deum* (a), *sive regi quasi precellenti, sive ducibus
tanquam ab eo missis ad vindictam malefactorum, laudem vero
bonorum.* » Que verba ita Beda exponit (2) : « *Non quod omnes
qui a regibus mittuntur duces, vel malefacientes punire, vel bene-
facientes laudare noverint ; sed que esse debeat actio boni ducis
simpliciter narratur, hoc est ut malefacientes coherceat, et bene
agentes remuneret. Hinc in historia gentili refertur moris fuisse
Romanis,*
    (1) « *Parcere subiectis, et debellare superbos.* »
Quod quando pravi (b) iudices populo Dei preferuntur, ad
delictum illius pertineat a quo constituuntur, dicta Ysidori
manifestant, quibus ait : (3) « *Ad delictum pertinet principum,
qui pravos iudices contra voluntatem Dei populis fidelibus profe-
runt. Nam sicut populi delictum est quando principes mali sunt,
sic principis est peccatum quando iudices iniqui existunt. Bonus
iudex sicut nocere civibus nescit, ita prodesse omnibus novit. Alios
vero prestat censura iustitie* (c), *alios bonitate iudicii sine personarum acceptione suscipit* (d). *Non infirmat iustitiam avaritie flamma,
nec studet auferre alteri quod cupiat sibi. Boni iudices iustitiam ad
solam obtinendam salutem eternam suscipiunt, nec eam muneribus
acceptis* (f. 86') *distribuunt ; ut dum de iusto iudicio temporalia
lucra non appetunt, premio eterno ditentur.* » His que premissa
sunt declaratur quod hii qui post regem populum Dei regere
debent, id est duces et comites, necesse est ut tales ad constituen-
dum provideantur, qui sine periculo eius a quo constituuntur,
constitui possint, scientes se ad hoc positos esse ut plebem
Christi sibi natura equalem recognoscant, eamque clementer sal-
vent, et iuste regant, non ut dominentur et affligant, neque ut

---

(a) *Dominum*, M, Sp.
(b) *parvi*, R.
(c) *Aliis enim prestat censuram iustitie*, R.
(d) *suscipi*, M, Sp.

(1) *I Petr.*, II, 13-14 : ...*subiecti*...
(2) Beda, *Expositio in I epistolam Petri*, c. 2, dans P. L., t. XCIII, col. 52.
(3) Virgil., *Enéide*, VI, v. 853.
(4) Isidor., *Sentent.*, lib. III, cap. 52, dans P. L., t. LXXXIII, col. 724 : *Bonus... prodesse omnibus debet. Aliis enim præstat censuram iustitiæ, aliis bonitatem. Judicia sine personarum acceptione suscipit, qui non infirmat...*

populum suum estiment, aut [ad] suam gloriam sibi illum subiiciant ; quod non pertinet ad iustitiam, sed potius ad tyrannidem et iniquam potestatem. Valde enim exigit necessitas ut quia ipse procul dubio rex equissimo iudici de commisso sibi ministerio rationem redditurus est, ut etiam singuli qui sub eo constituti sunt ministri diligentissime ab eo inquirantur, ne ipse (a) pro eis iudicium incurrat divinum. Ipsis etiam ministris denuntiandum est, quod quidquid iudicaverunt in eos redundabit, iuxta illud quod in libro Paralipomenon (b) legitur : (1) « *Habitavit* (c) *ergo Iosaphat in Iehrusalem* ; *rursusque egressus est ad populum de Bersabee usque ad montem Ephraim et revocavit eos ad Dominum Deum patrum suorum. Constituitque iudices terre in cunctis civitatibus Iuda munitis per singula loca, et precipiens iudicibus : videte, ait, quid* (d) *faciatis* ; *non enim hominis exercetis iudicium, sed Domini* ; *et quodcumque iudicaveritis, in vos redundabit. Sit timor Domini vobiscum, et cum diligentia cuncta facite : non enim est apud Dominum Deum nostrum iniquitas, nec personarum acceptio, nec cupido munerum.* » Hec, et hiis similia que prelibata sunt, rex eiusque ministri non desidiose, sed diligenter debent perpendere, et studium de ministerio sibi commisso tale adhibere, ut non pro eo eternaliter dampnari, sed potius a Domino mereantur feliciter remunerari.

(a) *ipsi*, R.
(b) *Paralipemenon*, R.
(c) *Habitabit*, M. *Habitabat*, Sp.
(d) *quod*, Sp.

(1) *II Paral.*, XIX, 4-7 : ...*rursumque*...

CAPUT VI

Quod equitas iudicii stabilimentum regni
et iniustitia sit eius eversio

Quod per iustitiam stet regnum, Salomon in Proverbiis adstruit, ita inquiens : (1) « *Iustitia elevat gentem et miseros facit populos* (a) *peccatum.* » (f. 87) Item : (2) « *Misericordia et veritas custodiunt regem, et roboratur iustitia thronus eius.* » [Item : (3) « *Aufer impietatem de vultu regis, et firmabitur iustitia thronus eius* » (b).] Item (4) « *Facere misericordam et iudicium magis placet Domino, quam victime.* » Et infra : (5) « *Rapina* (c) *impiorum detrahet* (d) *eos quia* (e) *noluerunt facere iudicium.* » Item ibidem : (6) « *Qui sequitur iustitiam et misericordiam, inveniet* (f) *vitam et* (g) *iustitiam et gloriam.* »

(a) *miseros autem populos facit...* (manque *et*), M, Sp.
(b) La citation entre crochets existe dans Sp, qui, au contraire, ne donne pas celle qui précède : *Misericordia... eius.*
(c) *Rapinæ*, M, Sp.
(d) *detrahent*, M, Sp.
(e) *qui*, R.
(f) *invenit*, R.
(g) *et* manque dans M, Sp.

(1) *Prov.*, XIV, 34.
(2) *Prov.*, XX, 28. Même citation *supra*, p. 140, avec remplacement du mot *iustitia* par *clementia*, conforme à la Vulgate.
(3) *Prov.*, XXV, 5.
(4) *Prov.*, XXI, 3.
(5) *Prov.*, XXI, 7.
(6) *Prov.*, XXI, 21.

Quod vero per iniustitiam cadat, Isaias demonstrat : (1) « *Tu
enim*, inquit, *terram tuam disperdidisti, tu populum* [*tuum*] *occidisti ; non vocabitur in eternum semen pessimorum. Preparate
filios eius occisioni in iniquitate patrum suorum* (a) : *non consurgent, nec hereditabunt* [*terram*], *neque implebunt faciem orbis
civitatum.* » In Amos : (2) « *Ecce oculi Domini*(b) *super regnum
peccans, et conteram illud a facie terre* (c), *dicit Dominus.* » Daniel
loquitur ad Baldazar : (3) « *O rex, Deus altissimus regnum et
magnificentiam, et* (d) *gloriam, et honorem, dedit Nabuchodonosor* (e) *patri tuo : et propter magnificentiam quam dederat ei, universi populi, tribus, et lingue, tremebant et metuebant eum ; quos
volebat, interficiebat, et quos volebat, percutiebat* (f) ; *quos volebat,
exaltabat, et quos volebat, humiliabat. Quando autem elevatum est
cor eius, et spiritus illius* (g) *obfirmatus est ad* (h) *superbiam,
depositus est de solio regni sui, et gloria eius ablata est* ; *et a* (i)
filliis hominum eiectus est (j), *sed et cor eius cum bestiis positum
est.* » In libro Sapientie : (4) « *Sedes ducum superborum detraxit* (k)
Deus, et sedere fecit mites pro eis. » [Item : (5) « *Radices gentium
superbarum arefecit Deus, et plantavit humiles ex ipsis gentibus.* »
(l)]. Item (6) « *Regnum a gente in gentem transfertur propter
iniustitias, et iniurias, et contumelias, et diversos dolos.* »

(a) *eorum*, R.
(b) *Domini Dei*, Sp.
(c) Ici, Sp ajoute : *Verumtamen conterens non conteram domum
Jacob.*
(d) *et* manque dans Sp.
(e) *Nabachodonosor*, R.
(f) *inter percutiebat*, R.
(g) *eius*, M, Sp.
(h) *in*, R.
(i) *a* est en interligne dans R.
(j) *est* manque dans M, Sp.
(k) *destruxit*, Sp.
(l) Le texte entre crochets manque également dans Sp.

(1) *Isa.*, XIV, 20-21.
(2) *Amos*, IX, 8.
(3) *Daniel*, V, 18-21 : *et quos volebat...*
(4) *Eccli.*, X, 17.
(5) *Ibid.*, X, 18.
(6) *Ibid.*, X, 8.

Quibus verbis liquido claret quod pietas, iustitia et misericordia stabiliant regnum; et lesiones viduarum et pupillorum, calumnieque miserorum, violentaque iudicia, et perversio iustitie evidenter illud evertant. Unde et multorum regnorum conlapsio, quia pietatis, iustitie et misericordie non habuerunt stabilimentum, hiis que premissa sunt patenter fidem attribuit. (a)

(a) Ici finit la partie commune à A et R. Dans A, elle était suivie, selon Baluze, de *Capitula diversarum sententiarum pro negotiis rei publicæ consulendis* (cf. *P. L.*, t. CVI, col. 295, n. a).

CAPUT VII

Quod regnum non ab hominibus, sed a Deo,
in cuius manu omnia regna consistunt, detur

Nemo regum a progenitoribus regnum sibi administrari, sed a Deo veraciter atque humiliter credere debet dari, qui dicit : (1) « *Meum est consilium, et equitas, mea est prudentia, mea est fortitudo. Per me reges regnant, et legum conditores iusta decernunt. Per me* (f. 87') *principes imperant et potentes iustitiam decernunt.* » (a) Quod autem (b) non ad hominibus, sed a Deo regnum terrenum tribuatur (c), Daniel propheta testatur, dicens : (2) « *In sententia vigilum decretum est, et sermo sanctorum, et petitio, donec cognoscant viventes quod* (d) *dominatur* (e) *Excelsus in regno hominum ; et cuicumque voluerit, dabit illud, et humillimum hominem constituet super illud.* » Item idem (f) loquens de Nabuchodonosor ad Baldasar : (3) « *Donec cognosceret*, inquit, [*quod*] *potestatem haberet Altissimus in regno hominum : et quemcunque voluerit, suscitabit super illud.* » Et per Ieremian : (4) « *Hec Dicit*

(a) *Per me principes... decernunt*, manque dans M, Sp.
(b) manque dans M, Sp.
(c) *tribuantur* (précédé d'un blanc), R.
(d) *quoniam*, M, Sp.
(e) *dominetur*, R.
(f) *Idem*, manque dans M, Sp.

(1) *Prov.*, VIII, 14-15.
(2) *Dan.*, IV, 14 : ...*super eum.*
(3) *Dan.*, V, 21.
(4) *Jer.*, XXVII, 4-5.

Dominus exercituum Deus Israhel : *Hec dicetis ad dominos vestros* : *Ego feci terram, et homines* (a), *et iumenta, que sunt super faciem terre, in fortitudine mea magna, et in brachio meo extento* : *et dedi eam ei, qui placuit in oculis meis.* » Hi vero qui a progenitoribus sibi succedere regnum terrenum, et non potius a Deo (b) dari putant, illis aptantur que (c) Dominus per prophetam improbat, dicens : (1) « *Ipsi regnaverunt, et non ex me* ; *principes extiterunt, et non cognovi.* » Ignorare quippe Dei proculdubio reprobare est.

Quapropter quisquis ceteris mortalibus temporaliter imperat, non ab hominibus, sed a Deo sibi regnum commissum credat. Multi namque munere divino, multi etiam Dei permissu regnant. Qui pie et iuste, et misericorditer regnant, sine dubio per Deum regnant ; qui vero secus, non eius munere, sed permissu tantum regnant. De talibus Dominus per prophetam : (2) « *Dabo tibi*, inquit, *regem in furore meo.* » Et Iob : (3) « *Qui regnare facit hominem ypocritam propter peccata populi.* » Ut enim Ysidorus exponit : (4) « *Irascente Deo* (d), *talem rectorem populi suscipiunt, qualem pro peccato merentur.* » Constat ergo quia non astu, non voto, neque brachio fortudinis humane, sed virtute, immo occulto iudicio dispensationis divine, regnum confertur terrenum, et idcirco cuicunque ab eo committitur, ita illud secundum eius voluntatem disponere et gubernare procuret, quatenus cum eo, a quo illud suscepit, feliciter in perpetuum regnare valeat, quoniam nihil prodest cuipiam terreno regno principari, si, quod absit, contigerit eum eterno extorrem fieri.

(a) *hominem*, R.
(b) *Domino*, M, Sp.
(c) *quas*, R.
(d) *Irascente enim Deo*, Isid. (*v. infr.*, note 4).

(1) *Osée*, VIII, 4.
(2) *Osée*, XIII, 11.
(3) *Job*, XXXIV, 30 (*v. supr.*, p. 143, n. 3).
(4) Isidor., *Sentent.*, lib. III, cap. 48, dans P. L., t. LXXXIII, col. 720 (*v. supr.*, p. 143 et n. 1 et 2).

CAPUT VIII

(f. 88) Quod potestati regali, que nonnisi a Deo ordinata est, humiliter atque fideliter cuncti parere debeant [subiecti] (a).

Constat regalem potestatem omnibus sibi subiectis secundum equitatis ordinem consultum ferre debere ; et idcirco oportet ut omnes subiecti fideliter, et utiliter, atque obedienter eidem pareant potestati ; quoniam qui potestati a Deo ordinate resistit, Dei utique ordinationi, iuxta apostoli (1) documentum, resistit. Sicut enim subiecti a rege sibi volunt pie et iuste opitulari, ita specialiter ei primum ad salutem anime sue procurandam, deinde generaliter ad honestatem et utilitatem regni secundum Dei voluntatem disponendam atque administrandam ; indissimulanter atque inretractabiliter solatium opportunum debent exhibere. Quod cum faciunt, et divinum preceptum adimplere, et fidem regi debitam evidenter probantur conservare. Huiuscemodu ergo obsequium a subiectis regie potestati impendi debere, et legalia precepta aperte testantur, et Dominus in Evangelio admonet, dicens : (2) « *Reddite que sunt Cesaris, Cesari, et que sunt Dei, Deo.* » Petrus quoque ait : (3) « *Subiecti* [*igitur*] *estote omni humane* (b) *creature propter Deum, sive regi quasi precel-*

(a) *subiecti* n'est ni dans R, ni dans M, ni dans Sp (existe dans les Actes du concile).
(b) *humane*, manque dans M.

(1) Cf. *infra*, n. 2, p. sq.
(2) *Matth.*, XXII, 21.
(3) *I Petr.*, II, 13-14 (*Vid. sup.*, p. 150 et n. 1).

lenti, [sive ducibus tanquam ab co missis] ». Et non post multa :
(1) « *Deum timete, regem honorificate* ». Paulus etiam apostolus in
idipsum concordans ait : (2) « *Omnis anima potestatibus sublimioribus subdita sit. Non est enim potestas nisi a Deo : que autem sunt, a Deo ordinata* (a) *sunt. Itaque qui resistit potestati, Dei ordinationi resistit,* » et cetera que de huiuscemodi (b) potestate apostolicus sermo latius (c) exsequitur. Idem etiam scribit ad Titum : (3) « *Admone illos principibus et potestatibus subditos esse.* » Item ad Timotheum (d) quanti pendat causam, imo (e) salutem regis demonstrat, ita scribendo : (4) « *Obsecro igitur* (f) *primum* (g) *omnium fieri obsecrationes, orationes, postulat ones, gratiarum actiones, pro omnibus hominibus, pro regibus et omnibus qui in sublimitate sunt, ut quietam et tranquillam vitam agamus, in omni pietate et castitate. Hoc enim bonum est, et acceptum coram Salvatore nostro Deo, [qui omnes homines vult salvos fieri, et ad agnitionem veritatis venire]* (h). » Si enim Ieremias propheta Dei (f. 88') pro vita ydolatre (i) regis Nabuchodonosor orare admonet (5), quanto magis pro salute Christianorum regum ab omnibus ordinibus Deo est humiliter supplicandum. Qualiter igitur regie potestati parendum, qualiterque (j) eius saluti consulendum est, breviter ex auctoritatibus divinis dictum sit. Quapropter necesse est ut unusquisque fidelis tante potestati ad salutem propriam, et ad honorem regni secundum Dei voluntatem, utpote membrum capiti, opem congruum ferat; plusque in illo generalem profectum, et utilitatem, atque honorem regni quam lucra querat mundi. Quatenus hiis saluberrimis opitulationibus sibi vicissim suffragantes, eterno regno pariter mereantur perfrui felices.

(a) *ordinata*, R.
(b) *huiusmodi*, M, Sp.
(c) manque dans Sp.
(d) *Thimeteum*, R.
(e) *et*, ajouté dans M ; *causam et salutem*, Sp.
(f) *inquit*, R.
(g) *primo*, M, Sp.
(h) *et cetera* (à la place de la citation entre crochets), R.
(i) *idololatre*, M, Sp.
(j) *qualiter*, M, Sp.

(1) I *Petr.*, II, 17.
(2) *Rom.*, XIII, 1-2.
(3) ad *Tit.*, III, 1.
(4) I ad *Tim.*, II, 1-4.
(5) Cf. *Jerem.*, XXIX, 7.

CAPUT IX

Quod ubi caritas non est, nulla bona inesse possunt

Magnum in utroque ordine, clericali videlicet et laicali, periculum esse cognoscimus, quod caritas, que Deus est et (a) [decus] Christianitatis, et in qua summa totius fidei nostre constitit, in multis utriusque ordinis (quod non sine magno animi dolore dicimus) non regnare convincitur. Que virtus caritas (b) sit, et evangelica et apostolica lectio, et sanctorum Patrum expositiones plenissime docent. Expressissime namque Apostolus Iohannes ait, quod Deus caritas est : (1) [« *In hoc apparuit caritas Dei in nobis* ; *quoniam Filium suum unigenitum misit Deus in mundum, ut vivamus per eum. In hoc est caritas* ; *non quasi nos dilexerimus Deum, sed quoniam ipse prior dilexit nos, et misit Filium suum propitiationem pro peccatis nostris. Carissimi, si sic Deus dilexit nos, et nos debemus alterutrum diligere* ; *Deum nemo vidit unquam. Si diligamus invicem, Deus in nobis manet, et caritas eius in nobis perfecta est. In hoc cognoscimus quoniam in eo manemus, et ipse in nobis* ; *quoniam de Spiritu suo dedit nobis* ; *et nos vidimus, et testificamur, quoniam Pater misit Filium suum Salvatorem mundi. Quisquis confessus fuerit quoniam Iesus est Filius Dei, Deus in eo manet, et ipse in Deo. Et nos cognovimus et credidimus caritati quam habet Deus in nobis. Deus caritas est* :] *et qui manet in caritate, in Deo manet et Deus in eo.* » Perpendat quisque si in caritate manet, Deum manere in se ; si caritatem non habet,

---

(a) *ac*, M, Sp.
(b) *caritatis*, R.

(1) *I. Io.*, IV, 9-16.

non Deum sed hostem anime sue habitare in se. Cum caritate
quippe cuncta bona, sine caritate vero nulla haberi possunt.
Neque etenim (a) digne angelicum hymnum caritate carens Domino decantare valet. Si (b) queritur quare, adtendatur (c)
quare : quia non est bone voluntatis ; diffinitio quippe caritatis (d)
est (ut doctores nostri tradunt) bona voluntas. Ergo quicunque
bonam voluntatem non habet, caritatem non habere comprobatur : et ideo pacem, qui (e) Christus est, qui (f) bone voluntatis
non est habere non meretur. (1) « *Gloria,* inquit multitudo celestis exercitus, *in excelsis Deo, et in terra pax hominibus bone
voluntatis.* »

Miserabiliter plane decipiuntur plerique, qui sine caritate aut
Deo (f. 89) in hac moralitate (g) placere, aut ad eum sine illa se
putant pervenire. Verum si in nobis caritas non est, sed odium,
et invidia, et avaritia et discordia, et simulatio, et luxuria, et
cetera mala regnant, que omnia a Christianitatis proposito
abhorrent ; mirum non est, si animadversiones divine nos interius exteriusque diversissimis malis (h) feriant, et impetum (i)
inimicorum adversum nos commoveant. Quapropter si pacis
tempora quiete et tranquille ducere volumus, pacis et caritatis
amatorem diligamus et timeamus, eiusque preceptis humiliter
colla submittamus. Hii autem qui palatinis honoribus fulciuntur, [sive] clerici sint, sive laici, dignum est ut vinculo caritatis
connectantur, nec alterutrius iniuriam aut dehonorationem
contra fas meditentur ; ne desides et (j) dolosi ad invicem existant, ne forte qui dolosi sunt incidant in illud Psalmiste dicentis : (2) « *Qui loquuntur pacem cum proximo suo, mala autem in
cordibus eorum. Da illis, Domine, secundum opera eorum, et secundum nequitiam adinventionum* (k) *ipsorum* (l) » et cetera. Qui

---

(a) *etiam,* M, Sp.
(b) *Sed,* M, Sp.
(c) *attende,* M, Sp.
(d) *caritas,* M.
(e) *que,* R.
(f) *quia,* R.
(g) *aut Deo placere,* M, Sp.
(h) *modis,* R.
(i) *imperpetuum,* R.
(j) *aut,* M, Sp.
(k) *adinventionem,* R.
(l) *eorum,* M, Sp.

(1) *Luc.,* II, 14.
(2) *Psalm.,* XXVII, 3-4.

vero desides existunt, patenter ab unanimitate, quam in Christo
Paulus habere (a) docet, scinduntur, caveantque ypocrisim Iude
(b) proditoris Domini. Sunt et alia huic rei convenientia, que longum est numerare (c). Certe cum dignitatis palatine huiusmodi
homines honoribus suffulti, morsibus invidie se vicissim lacerant,
et in proximi ruinam et dehonorationem estuant, et Deo cuius
muneribus utuntur, in proximi adversitatibus iniuriam inferunt;
et regi, cui familiariter inherent, et adiutores secundum Deum
esse debuerunt, debitam fidem non servant et honorem palati-
num, malum exemplum aliis dantes, commaculant; et quod hiis
indecentius (1) est, ad inimicos nominis Christi magnum tripudium transmittunt.

(a) *habitare*, M, Sp.
(b) *Vide* au lieu de *Iude*, R.
(c) *que di longum est numerare* (avec sigle rattachant *di* à *numerare*), R.

(1) *incedentius*, R.

CAPUT X

De transgressoribus preceptorum (a) Dei

Mala, quibus Deus offenditur vel periclitatur regnum, si quis liquido vult cognoscere, divinam, id est legalem, propheticam et evangelicam atque apostolicam, perspiciat auctoritatem, ubi (b) plene inveniet omnia mandata atque precepta quibus Dei ad (f. 89') impletur (c) voluntas : ibi etiam inveniet que Deus fieri prohibuit ; pro quibus ad omnem ordinem divine comminationes multe sunt, et in quibusdam qui audire contempserunt, ultio divina completa est. Primus quippe homo propter transgressionem divini precepti de paradiso eiectus, et exilio dampnatus et morte multatus est, quod malum adhuc hodie genus humanum quasi natura sibi insertum experitur. Inde facta est alia generalis dampnatio in diluvio, que multiplicatis vitiis et diversis malis, naturali lege corrupta, evenisse manifeste probatur. Quam si etiam presumptio gravis et periculosa que ex contemptu preceptorum Dei nascitur, edificatio turris, et confusio linguarum prodit. Sodoma autem et Gomorrha et finitime civitates, quibus flagitiis delete, et quomodo eterna dampnatione, in exemplum humani generis sint perditæ manifestum est ; et tamen in comparatione earum Hierusalem duplum malum fecisse legitur, eo quod notitiam et preceptum Deo habuerit, et servare contempserit, secuta propria voluntate. Nam iniquitas sodomitica iuxta

---

(a) *mandatorum*, M.
(b) *ibi*, R.
(c) *adempletur*, M.

prophetam fuit superbia, saturitas (a) et habundantia, et otium, et quod egeno et pauperi manum non porrigebant. Unde accessit (b) oblivio Dei, et operati sunt adhuc abominationes (c). Obduratio quoque Aegyptiorum, qui nullis signis nec prodigiis, sed neque flagellis corrigi potuerunt, ad quem finem pervenerit notum est : nam Dathan et Abiron atque Core cum sociis eorum qui cum eis (d) perierunt, quam horribili terre hiatu, propter contemptum et inobedientiam contra Deum consumpti sunt (e), manifestum est. Quomodo etiam multitudo populi Dei perierit in deserto propter concupiscentiam et contemptum et perversas consuetudines a Deo illis prohibitas, donec diversis cladibus consumerentur, ita ut nullus eorum ad terram pervenerit repromissionis preter duos tantum obedientes voci Domini, omnibus perspicuum est.

Quoties (f) autem acciderit populum corruisse, vel regnum interiisse propter unius peccatum vel inobedientiam, sive prelati, sive subiecti, longum est enumerare : sicuti contigit in Saul, pro cuius inobedientia regnum ab eo ablatum (f. 90), alterique datum legimus. Nam et filius eius Ionathas, in cuius fidei fortitudine victoria data est de adversariis, postea sanctificationis votum transgressus, licet ignarus concupivit, et victoriam totius populi perturbavit. Sed et Heli de ordine sacerdotali, quia filios suos satis non correxit, decidit immo filiis suis merito sue iniquitatis corruentibus corruit, sacerdotiumque (g) de progenie eius ablatum (h) est ; quorum negligentia et iniquitate populus in bello fugatus ac cesus (i) est, et gloria cum arca Dei de Israhel translata (j) est, simul et locus falsificationis (k) eorum dissipatus est. Achan vero propter concupiscentiam inobediens factus, totum populum perturbavit. Pauca quippe de multis prosequti sumus, ut diligenter animadvertatur, si tot divinis ultionibus, totque periculis, tot etiam dampnationibus subiacuerunt

---

(a) *saturitas* (répété dans R.).
(b) *recessit*, M.
(c) *abhominationes*, R.
(d) *iis*, M.
(e) *sint*, R.
(f) *Quotiens*, R.
(g) *a de progenie*, R.
(h) *sublatum*, M.
(i) *accessus*, R.
(j) *translatus*, R.
(k) manque dans M.

contemptores mandatorum Dei, quorum (a) infinitus est numerus, et non solum illi qui precepta susceperunt, verum etiam qui naturalem legem corruperunt, quanto putas reatui subiacebunt gratia Christi redempti, et ab eodem Domino in viam iustitie edocti et instructi, si preceptis eius obedire contempserint. Proinde necesse est ut unusquisque in ordine suo pro viribus studeat, ut (b) quantum Deus annuerit (c), que iussit adimpleat, et que vetuit caveat : ut non cum contemptoribus dampnari, sed potius cum executoribus divinorum preceptorum valeat remunerari, quoniam non est dubium quin propter inobedientiam et contemptum preceptorum Dei, regni periclitatio et animarum proveniat dampnatio.

(a) *quantum*, R.
(b) *et*, M.
(c) *amaverit*, M.

CAPUT XI

Quod multi professionem christianam verbis tantum (a) teneant, sed operibus negligunt (b)

Si mundanarum legum iura ob iurgiorum forensium negotia dirimenda a mortalibus edita, homines avidissime (c) discere et intelligere acutissime satagunt (d), ut hiis bene notis, quid (e) verum, quid (e) falsum, quid (e) iustum, quidve (e) iniustum sit in hac terra morientium, liquido (f) discernere queant; quanto magis iura celestia summo opifice Deo omnium creatore hominibus promulgata salubriterque conlata, quibus cavendum malum, faciendumque bonum perdocetur; que etiam secta (f. 90') tores suos ad terram provehunt viventium, cunctis fidelibus discere et intelligere intentioni esse debet.

Lex itaque Christi non specialiter clericis, sed generaliter cunctis fidelibus observanda est a Domino adtributa. Licet in Evangelio quedam sint precepta specialia, que solummodo contemptoribus mundi et apostolorum sectatoribus conveniant; cetera tamen cunctis fidelibus, unicuique scilicet in ordine quo se Deo deservire devovit (g), indissimulanter (h) observanda censentur.

(a) Existe dans M. I. R., manque dans le titre du chapitre parallèle de M. I. L.
(b) *negligant*, M. I. L., M. I. R., Sp.
(c) *avidisse*, R.
(d) M. I. R. renvoie ici à M. I. L., lib. I, cap. XX.
(e) *quod*, Sp.
(f) *liq de liquide*, R.
(g) Ici, reprise du texte de M. I. R. — *deservire Deo devovit*, Sp.
(h) *indissimulanda*, R.

Quod vero fides sola neminem ad regnum provehat celorum, iam in superioribus capitulis demonstratum est. Verum professio christiana a multis et in multis propter delectationes carnales, et propter diversissimas huius seculi vanitates, et perversissimas consuetudines, miserabiliter negligitur ; quibus quanto plus inaniter inserviunt, tanto minus operibus christiane professionis vacant. Quod si Acta (a) apostolorum relegamus et devotionem christiane plebis, que sub eisdem apostolis floruit, diligenter (b) animadvertamus (c), multum nostri seculi christiani populi devotionem ab illorum distare reperiemus. Et quanto illi ardentius ac devotius eam sunt sectati, tanto nonnulli ab eius operibus torpentius (d) sunt digressi. Proinde sicut tunc initio nascentis Ecclesie eadem fides operibus floruit, ita nunc eisdem neglectis apud quosdam marcessit. Ut enim verbis beati Augustini scribentis in libro sermonum utamur : (e) (1) « *Christus in nobis idem est qui et* (f) *in illis sed non idem animus in nobis qui fuit in illis* (g), *eadem fides in nobis, sed non eadem devotio. In illis enim maior erat fraternitas Christi, quam sanguinis In illis sicut una fides ita erat et una substantia* ; *ut* (h) *quibus erat communis Christus, communis esset* (i) *et sumptus. Nefas enim putabant eum sibi participem non adsciscere* (j) *in substantia, qui particeps esset in gratia. Non ergo verebantur ne esurirent, sed potius timebant ne alii esurirent* (k) ». (2) « *Nunc autem*, ut idem beatus Augustinis ait, *ita alter de alterius inopia non cogitat, ut illud sit quod dicit Apostolus* : « *Alius quidem esurit, alius* [*autem*] (l) *ebrius est.* » Et paulo post : (3) « *Nunc est*, inquit (m), *tempus quod*

(a) Ici, M. I. R. renvoie à M. I. L.
(b) *subtiliter*, R, Sp.
(c) *animadvertimus*, M. I. L.
(d) *longe*, M. I. L.
(e) *verbis beati Augustini utar*, M. I. L.
(f) *idem est ac*, Sp.
(g) *sed non... illis*, manque dans M. I. L.
(h) *et*, M. I. L.
(i) *fuit*, M. I. L.
(j) *adscissere*, R.
(k) *alius esuriret*, R, Sp.
(l) manque dans Sp.
(m) *illud*, M. I. L.

(1) Pseudo-August., *Sermo* 100, 1 (Op. Aug., V, 2, 178).
(2) *I. Cor.*, XI, 21.
(3) Pseud. August., *loc. cit.*

Dominus in Evangelio ait : « *Habundabit iniquitas, refrigescet* (a)
caritas multorum. (1) *Modo enim abundat avaritia et iniquitas,
que ante largitatis bonitate cessabat, et* (f. 91) *refrigescit fraternitatis caritas, que prius Christi amore fervebat. Tunc* [*enim*] (b) *sub
apostolis tanta fraternitatis dilectio fuit, ut in conventu suo nulla*
(c) *inveniretur indigentia. Tanta autem modo Christianitatis
dissimulatio est, ut in cœtu nostro vix invenies* (d) *locupletem :
locupletem autem* [*vix*] *inveniri dico, non facultatibus, sed operibus.
Ait autem Apostolus : Divites sint in operibus suis* (e) *bonis* (2).
*Locupletem enim in Ecclesia intelligi voluit, qui dives in Christo
est.* » Et idem post pauca : (3) « *Raro igitur in hoc tempore in
Christiano populo invenimus locupletes; et si plerique in domibus
auro sint divites, in Ecclesia tamen sunt mendici. Dum enim circa
pauperes non pro eo quod prevalent, operantur, nec hoc est gratum
quod offerunt* (f), *nec illus est satiabile* (g) *quod reservant. Dixit
autem Dominus ad Cain, cum offerret munera* : « *Si autem* (h)
*recte offeras, recte autem non dividas, peccasti. Quiesce, sic tu,
Christiane, non recte dividis, qui de tanto auro tuo maiorem partem Mammone servas, quam* [*Deo largiris*]. »

In primordio igitur sancte Dei Ecclesie circa credentes ardor
fidei ita vigebat, ut perseverarent in doctrina apostolorum, et
communicatione fractionis panis et orationibus, et haberent
omnia communia ; et sumerent cibum cum exultatione et simplicitate cordis, conlaudantes Deum. Nunc autem devotio Christianitatis apud plerosque longe aliter se habet. Quoniam a quibusdam doctrine apostolorum preponitur amor terrenorum negotiorum ; communicationi (i) fractionis panis, tenacitas (j) ; frigor (k) caritatis, et cupiditas ambiende rei aliene potius quam

---

(a) *refrigeriescet*, R.
(b) manque dans Sp.
(c) *non*, M. I. L.
(d) *invenias*, M. I. L., Sp.
(e) manque dans M. I. L.
(f) *afferunt*, M. I. L.
(g) *sanabile*, Sp.
(h) manque dans Sp.
(i) *communioni*, Sp.
(j) manque dans Sp.
(k) *frigus*, M. I. L.

(1) *Matth.*, XXIV, 12.
(2) *I Tim.*, VI : 18 : *Divites fieri in bonis operibus.*
(3) Pseud. Aug., *loc. cit.*

proprie largiende ; orationibus delectatio carnalis (a), curiositae rerum, sollicitudo mundi et multimoda mentis in diversa vagatio. Que autem illis erant communia, nunc quibusdam ita sunt propria ut perraro (b) in alterius ex hiis quicquam retorqueatur usum. Illi sumebant cibum cum exultatione et simplicitate cordis conlaudantes Deum ; nunc autem (c) vix a quibusdam sumitur cibus sine detractione, sine simulatione, sine insultatione, sine histrionum saltatione, et obscena iocatione, et turpiloquiis, et scurrilitatibus et ceteris innumeris vanitatibus, que animum Christianum a vigore sui status emolliunt. Illi in simplicitate cordis, isti autem, e contrario, subdolo et duplici animo, cum Scriptura dicat : (1) « *Sentite de Domino in boni* (f. 91') *tate, et in simplicitate cordis querite illum.* » Illi sumentes cibum, Deum conlaudabant ; isti diversorum ciborum genera ad suum libitum exigentes, erga lautissimos (d) sibi cibos preparatos artem conlaudant coquorum.

Est et aliud in Christiana religione magna admiratione dignum, eo quod leges humane (e), que plerumque peccare [volentibus terrorem potius quam Christi precepta incutiunt, maiorem vim quam divine habere videntur ; cum utique ille sibi parentes a temporali, he quoque ab eterna liberent pena. Cum enim (f) quispiam regie aut imperialis dignitatis apicem tenens, ceteris (g) mortalibus temporaliter imperans, aliquod edictum proponit, quod a sibi subditis et audiri diligenter, et impleri fideliter sagaciterque velit, quis, rogo, subditorum non inhianter id audit (h), illiusque iussionibus obtemperare satagit (i) ? Quis vero in tantam audaciam prorumpere audeat ? (j) Quis (k) is nisi ad suum (l) discrimen contempnere presumat ? Unde satis mirari non potest,

---

(a) *carnis*, M. I. L.
(b) *perra*, R.
(c) *vero*, Sp.
(d) Ici, reprise du texte de M. I. R.
(e) manque dans Sp.
(f) R, M. I. L. — *nunc*, M. I. R., Sp.
(g) R, M. I. R. — manque dans M. I. L.
(h) *Obaudit*, M. I. R., Sp. ; *id audire*, M. I. L.
(i) R, M. I. R., Sp. — *jussionibus fideliter accelerat obtemperare*, M. I. L.
(j) *audet*, R, Sp.
(k) *Qui*, R, M. I. R., Sp.
(l) *sui*, R, M. I. L.

(1) *Sap.*, I, 1.

cur homines tanta cecitate percussi existunt, ut Creatoris sui legem tam temerario ausu postponant (a). Homines condunt leges, et a subditis custodiuntur ; Deus creator omnium eternaliter imperans, qui nostro augmento non crescit, nec nostro detrimento decrescit (b), in cuius ma [nu ita sumus quasi lutum in manu fi] guli (c) dedit legem ob salutem animarum capessendam et audiri (d) contempnitur ; et si aure corporis (e) auditur, aure cordis non percipitur ; et si aure cordis percipitur (f), opere non adimpletur (g). Quid autem excusationis Christiani Domino adferre poterunt, qui mundane legis censuram ob mundialem metum suscipiunt, et iugo Christi, quod suave et leve est, et ad vitam ducit eternam, colla submittere renuunt ? Dominus dicit : (1) « *Venite ad me,* [*omnes*] (h) *qui laboratis et onerati estis, et ego reficiam vos* : [*tollite iugum meum super vos, et* (i)] *discite a me, quia mitis sum et humilis corde, et invenietis requiem animabus vestris : iugum* (j) *enim meum suave est, et onus meum leve* (k). » Et venire ad talem tantumque vocantem, et ab eo humilitatem (l) et mansuetudinem discere, eiusque iugum suscipere recusatur. Hoc qui faciunt, quid (f. 92) aliud faciunt nisi a salute propria deficiunt ? Quod quam miserabile et exitiabile (m) sit, explicari non potest. Perspicue sane animadverti potest (n) quod professio Christiana modernis temporibus a plerisque non sic devote (o) ac religiose colitur, sicut a priscis colebatur Christianis.

(a) Toute cette phrase manque dans M. I. L. Elle y est remplacée par : *Cum hæc quippe dico, stupor et ineffabilis admiratio gignitur in animo meo* ; *homines condunt...*

(b) *nec nostro detrimento decrescit,* manque dans M. I. R., Sp.

(c) en marge dans R (pour tenter de compléter la phrase tronquée) : ...*nnu Angelus* (in mannu Angelus dedit, etc... ?).

(d) *audire,* M. I. L.

(e) *cordis,* R (dans le texte). En marge : *corporis.*

(f) *et ...percepitur,* manque dans M. I. L.

(g) *impletur,* M. I. R., Sp.

(h) manque également dans M. I. L.

(i) au lieu de la citation entre crochets, *Et idem alibi,* R, M. I. L.

(j) *juge,* R.

(k) *leve est,* R.

(l) *humiliantem,* R.

(m) *exitiale,* M. I. R., Sp.

(n) manque dans M. I. L.

(o) *devoto,* R.

(1) *Matth.,* XI, 28-30.

Hanc itaque fidei regulam, de qua superius breviter (et in memoratis Actibus (a) apostolorum plenissime dictum est), apostoli, immo per apostolos Christus tenendam fidelibus censuit. Si igitur hanc Christus docuit, immo, quia docuit (b), ut quid tot tantisque consuetudinibus ad votum quorumdam repertis contempnitur ? Que quamvis, Deo annuente, veraciter percipiatur, operibus tamen a nonnullis diversis (c) negligitur modis, et hoc (e) idcirco accidisse cognoscimus (d), quia inrepsit inter quosdam [laicos] (f) nimium deflenda (g) consuetudo, qui utique, legibus divinis quibus se per fidem subdiderunt non ut oportet animadversis, quod libet et licitum non est, sed et id (h) quod licet, non tamen expedit, legem sibi faciunt, et secundum id quod [tamen] (i) libitum fuerit, vivere se posse inculpabiliter credunt. His ita premissis, necesse est ut unusquisque fidelis penetralia cordis sui rimetur, et si fidem Christi quam percepit operibus non exornat, pacti quod cum Deo in baptismate fecit prevaricatorem esse cognoscat. Dum ergo tempus habet, Christi adiuvante gratia, viam salutis non verbis tantum, sed operibus repetat. Non ergo mirum est si mucro divinus grassetur, ubi fides Christi non veraciter, sed simulanter tenetur. Semper enim dicimus nos Deum velle querere, et de preteritis admissis ab eo veniam postulare, et mentimur ; quia quod dicimus, adimplere differimus. Quotidie etiam dicimus viam Dei, a qua peccando exorbitavimus, nos querere velle, per quam ad Deum revertamur, et Deus eam stravit (j) in conspectu oculorum nostrorum, et per eam ingredi contempnimus. Quis ratione utens ignorat nos debere semper potiora eligere, et viliora contempnere ? Diversis divine ultionis cladibus merito nostre iniquitatis adterimur, et ad eum a quo percutimur reverti contempnimus, adimplentes illud propheticum : (1) « *Et populus* (f. 92') *non est reversus ad percutientem se, et* (k) *Domi-*

(a) *immemoratis Actis*, R, M. I. R., Sp.
(b) *immo... docuit* manque dans M. I. R., Sp.
(c) *diversissimis*, M. I. L.
(d) manque dans M. I. R., Sp.
(e) *reor*, M. I. L.
(f) manque dans M. I. L., Sp.
(g) *deploranda*, M. I. L.
(h) manque dans M. I. R., Sp.
(i) manque dans M. I. R., Sp.
(j) *stravit eam*, M, Sp.
(k) *ad*, R.

(1) *Isa.*, IX, 13.

num exercituum non exquisierunt. » Verendum porro satis est, ne nobis toties (a) a Domino per legales et propheticas, atque evangelicas et apostolicas denuntiationes sive comminationes, admonitis et flagellatis, et ad Deum veraciter redire contempnentibus, illud tandem proveniat quod Israhelitico populo prophetis Domini insultanti, et ad Deum reverti contempnenti, provenit ; quorum iniquitates Dominus diu patienter (b) pertulit, et ad extremum hiis propitiari nolens, eos in Assiriorum captivitatem migrare permisit. Assirii namque demones (c) significant et interpretantur captivantes. Unde satis vigilanter providendum est ne sicut illi corporaliter, ita nos, quod absit, spiritualiter in eorum deveniamus captivitatem.

(a) *totiens,* R.
(b) répété une deuxième fois dans R.
(c) manque dans M. *Dominus* (pour *dæmones*), Sp.

CAPUT XII

Quod gravius puniantur qui fidem Christi perceperunt, et in malis vitam finierunt, quam illi qui sine fide mortui sunt, et tamen bona opera egerunt.

Dici solet (a) a nonnullis Christianis quod hi qui in Christo renati sunt, quanquam scelerate vivant et in malis operibus diem extremum claudant, diuturno (b) atque purgatorio, non tamen perpetuo sunt igni (c) puniendi. Cum multi hoc adserant et nullus id verum esse ex divinis oraculis adstruere valeat (d), cavendum est (e) ut hoc non solum non credant, verum etiam ne (f) ex ore proferant; ne forte hoc dicendo, et se et alios quodammodo vana securitate deludant. Quod ergo neminem sola fides Christi sine operibus ad regnum provehat eternum, in precedentibus iam dictum est (g). Quod autem qui in flagitiis viventes, et hec nec penitentie lamentis nec elemosinarum largitionibus redimentes, sed in eis potius perseverantes diem obeunt, atrociora sint tormenta passuri, quam illi qui, licet lavacro Christi in Ecclesia nequaquam sunt baptizati, bona tamen opera

---

(a) *solent*, R.
(b) M. I. R. renvoie ici à M. I. L., lib. I, cap. XIX.
(c) *igne*, R, Sp; *igni sunt*, M. I. L.
(d) *nullis ex divinis oraculis id affirmare verum esse queant*, M. I. L., *ex* manque dans Sp.
(e) *cavendum est illis, ut*, M. I. L.
(f) *nec*, M. I. L.
(g) *in subsequenti demonstrabitur capitulo*, M. I. L. — *De I. L.*, I, XIX renvoie à *De I. L.*, XX; *De I. R.*, XII à *De I. R.*, XI. Le renvoi *pur et simple* de M. I. R. à M. I. L. est donc fautif.

fecerunt : subter (a) testimonia collecta declarant. Ait itaque
Petrus : (1) « *Melius enim illis fuerat non agnoscere* (b) *viam iustitie* (c) *quam post agnitionem* (f. 93) *veritatis retrorsum converti* (d)
ab eo, quod traditum est illis (e), *sancto mandato. Contigit enim eis
illud veri proverbii* (f) *: Canis reversus ad suum vomitum, et sus
lota in volutabro luti* (g).» Et Dominus in Evangelio (h) (2) : «*Cum
immundus,* inquit (i), *spiritus exierit ab homine, vadit per loca
arida* [et] *querit* (j) *requiem et non invenit* (k). *Et tunc dicit : Revertar in domum meam unde exivi. Et si veniens invenerit eam vacantem, mundatam, et ornatam, vadit et adducit secum septem alios
spiritus nequiores se ; et intrant in domum illam, et habitant in ea.
Et erunt novissima hominis illius peiora prioribus.* » (l) Origenes
quoque in omelia de initio decalogi ; (3) « *Habitavit enim in nobis
immundus spiritus, antequam crederemus, antequam veniremus
ad Christum, cum adhuc fornicaretur anima nostra a Deo, et esset
cum amatoribus suis demonibus. Sed posteaquam dixit* : « *Revertar*

(a) *subtus*, M. I. L.
(b) *cognoscere*, Sp.
(c) *veritatis*, R.
(d) *redire*, M. I. L.
(e) *quod illis traditum est*, Sp.
(f) *proverbium*, R.
(g) *et sus volutabro luti*, R.
(h) La citation de S. Matt. est précédée dans M. I. L., de : *Ille
autem servus... plus patent ab eo* (Luc., XII, 47, 48). Item.
(i) manque dans M. I. L.
(j) *ambulat per loca inaquosa quærens*, Sp.
(k) *et non inveniens dicit*, Sp.
(l) *Et cum venerit, invenit eam scopis mundatam et ornatam. Tunc
vadit... et ingressi inhabitant ibi. Et fiant novissima illius hominis
pejora prioribus*, Sp.

(1) II Petr., II, 21-22 : *Melius erat illis non cognoscere... quod illis
traditum est.*

(2) Matth., XII, 43-45 : *Cum autem immundus spiritus exierit ab
homine, ambulat per loca arida, quærene, et non invenit. Tunc dicit :
Revertar in domum meam, unde exivi. Et veniens invenit eam vacantem,
scopis mundatam, et ornatam. Tunc vadit, et assumit septem alios spiritus secum nequiores se, et intrantes habitant ibi : et fiunt novissima
hominis illis peiora prioribus.*

(3) Origène, *Homil. in Exod.*, VIII, c. 10 de initio decalogi dans
l'édit. Baehrens (*die Griechisch. Christ. Schr. der Ernst. drei Iahr.*)
*Origenes Werke sechster Band Homilien zum Hexateuch in Rufins
Ubersetzung*, t. II, p. 225.

ad virum meum priorem » et *venit ad Christum, qui eam ab initio ad imaginem suam creavit, necessario locum dedit adulter spiritus, ubi vadit al legitimum virum. Suscepti ergo sumus a Christo, et mundata est domus nostra a peccatis prioribus, et ornata est* (a) *ornamentis sacramentorum fidelium, que norunt* (b) *qui initiati sunt.* » Item idem (c) post pauca : (1) « *Non enim domus tantum* (d) *sed templum esse debet, in quo habitet Deus. Si ergo acceptam gratiam negligat, et implicet se negotiis secularibus, continuo ille immundus spiritus redit, et vindicat* (e) *sibi domum vacantem. Et ne iterum possit expelli, alios secum septem spiritus adhibet nequiores* [se] (f) *et fiunt huiusmodi novissima* (g) *hominis peiora prioribus.* » Et Beda [in] expositione Evangelii Luce : (2) « *Quemcunque enim post baptisma, sive pravitas heretica, seu mundana cupiditas arripuerit, mox omnium prosternet in ima vitiorum. Unde recte nequiores spiritus* (h) *dicuntur ingressi ; quia non solum habebit illa septem vitia que septem spiritalibus sunt contraria* (i) *virtutibus, sed et per ypocrisim, ipsas se virtutes* (j) *habere simulabit. Et sunt novissima hominis illius peiora prioribus.* (3) « *Melius quippe erat ei viam veritatis non cognoscere, quam post agnitionem retrorsum converti. Quod in Iuda* (k) *traditore, vel Simone mago, ceterisque talibus specialiter* (f. 93') *legimus impletum.* »

Augustinus quoque in libro enchyridion (l) : (4) « *Creduntur, inquit,* [a quibusdam] *etiam hii qui nomen Christi non reliquunt*

(a) manque dans Sp.
(b) *noverunt*, R, Sp.
(c) *Idem* manque dans M. I. L.
(d) *adhuc*, Origène, édit. Baehrens.
(e) *vindicabit*, R.
(f) *se* manque dans Sp et dans Origène, édit. Baehrens.
(g) *novissima huiusmodi hominis*, Origène, édit. Baehrens.
(h) *nequiores tunc cum Spiritus*, R
(i) *contraria sunt*, M. I. L.
(j) *ipsas servitutes habere*, R. — *ipsas de virtutes habere*, M. I. L.
(k) *invidia*, R (pour *in Iuda*).
(l) *Enchiridii*, M. I. L.

(1) Origene, *Homil. in Exod.*, VIII, 4, *loc. cit.*, p. 226.
(2) Bède, *In expos. Luc.*, XI, 26, dans P. L., t. XCII, 478 sq.
(3) *II Petr.*, II, 21, *vid. supra*, p. 173, n. 1 ; M. I. R. termine à cette citation le renvoi qu'elle fait à M. I. L. et continue « *Quapropter...* » *v. infra*, p. 176. Elle néglige le texte, assez long, compris entre *Quod in Iuda* et *Quapropter*. Cette lacune est déjà dans Sp.
(4) S. Aug., *Enchiridion*, c. 67.

et eius lavacro [*sancto*] *in Ecclesia baptizantur* (a) *nec ab ea* (b) *ullo scismate vel heresi preciduntur in quantis* (c) *sceleribus vivant, que nec diluant penitendo nec elemosinis redimant*; *sed in eis usque ad ultimum huius vite diem pertinacissime perseverent, salvi futuri per ignem* : *licet* (d) *pro magnitudine facinorum flagitiorumque* (e) *diuturno non tamen eterno igni puniri. Sed qui hoc credunt, et tamen catholici sunt, humana quadam benivolentia michi falli videntur* ; *nam Scriptura divina aliud consulta respondit* (f) ». Et paulo post : (1) « *Porro autem si homo sceleratus propter solam fidem per ignem salvatur, et sic est accipiendum auod ait beatus Paulus* : (2) *Ipse autem salvus erit, sic tamen quasi per ignem, poterit ergo salvare sine operibus fides, et falsum erit quod dixit eius coapostolus Iacobus, falsum erit et illud quod idem ipse Paulus dixit* : (3) *Nolite, inquit, errare* ; *neque fornicatores, neque idolis servientes, neque adulteri* (g), *neque molles, neque masculorum concubitores, neque fures, neque avari* (g), *neque ebriosi, neque maledici, neque rapaces regnum Dei possidebunt. Si enim in istis perseverantes criminibus, tamen propter fidem Christi salvi erunt* ; *quomodo in regno Dei non erunt* ? » Si igitur [dum] iuxta evangelicam sententiam post agnitionem Christi quis nequiter (h) vivendo spiritum immundum, qui a se tempore baptismatis expulsus est, cum demonum septenario sibi numero addito ad se reddire facit, pristinamque domum in se quodammodo vindicare sinit, fiunt illi novissima peiora prioribus ; patet profecto, si in eisdem nequitiis vitam finierit, gravius illum quam eis qui licet fidem Christi non perceperint (i), bonis tamen operibus operam dederunt, puniendum.

Proinde necesse est ut unusquisque fidem Christi quam percepit (j) bonis (k) operibus exornet. Et sicut nulli de misericor-

---

(a) *lavacro sancto initiantur*, M. I. L.
(b) *ab eo*, M. I. L.
(c) *in quantiscunque*, M. I. L.
(d) *Iacet*, R.
(e) *flagitiorum*, R.
(f) *respondet*, M. I. L.
(g) *neque adulteri, neque avari*, manque dans M. I. L.
(h) *nequam*, M. I. L.
(i) *pepercerunt*, R.
(j) *perceperit*, M. I. L.
(k) *bonis* manque dans M. I. L.

(1) S. Aug., *Enchiridion*, c. 67.
(2) *I Cor.*, III, 15.
(3) *I Cor.*, VI, 9-10.

dia Dei desperandum est, ita nemo post hanc vitam iudicium Dei, quod nisi iustum esse non potest, sibi aliisque favorabiliter molliendo temperet, et propter [hoc] (a) in hac vita bonis operibus deditus esse negligat (b). Quapropter (c) procurandum est, ut dum in hac vita vivitur, bonis operibus (f. 94) insistatur. Admonet quippe Dominus in Evangelio : (1) « *Vigilate [et] orate, quia nescitis diem neque horam.* » Item : (2) « *Dies Domini, sicut fur in nocte, ita veniet.* » Item : (3) « *Ambulate dum lucem habetis, neque tenebre vos comprehendant* (d) ». Et Apostolus : (4) « *Ecce nunc tempus acceptabile, ecce nunc dies salutis.* » His documentis perdocemur quod indulta tempora penitentie in vanum non sint deducenda, et quod fides Christi bonis semper operibus sit exornanda.

(a) M. I. L.
(b) *negligatur*, R.
(c) A partir de *Quapropter*, M. I. R. donne un texte à peu près identique à celui de R, tandis que M. I. L. donne un texte plus long (avec citations *Jérém.*, XIII, 16 ; *Isa.*, LV, 6-7 ; *Matth.*, XXIV, 42).
(d) *Ambulate dum lucem habetis, ut non vos tenebræ comprehendant*, M. I. R., Vulgate.

(1) *Matth.*, XXV, 13 : *Vigilate, itaque, quia...*
(2) *I Thess.*, V, 2 ; M. I. R. et M. I. L. se réfèrent à *II Petr.*, III, 10 dont le texte est pourtant assez différent.
(3) *Ioan.*, XII, 35.
(4) *II Cor.*, VI, 2.

CAPUT XIII

Quod ad ecclesiam orandi gratia frequenter conveniri debeat

Quia moderno tempore Christiani populi devotio a devotione plebium fidelium que sub apostolis extitit, longe sit impar, in precedentibus iam commemoratum est (a). Procul nempe quorumdam Christianorum devotio, sicut et in nonnullis aliis, ita et in eo quod [ad] (b) ecclesiam tepide conveniunt, ab illius plebis religiosa devotione distat. Verum sicut sunt plerique, qui pio religiosoque studio orandi gratia ecclesiam sepissime frequentant (c), ita e contrario existunt quidam, qui licet e vicino habeant basilicam, id tamen perraro, quod emendatione dignum est, faciunt. Ut ergo templa divinis cultibus mancipata frequenter adiri, ibique Deum constanter et devote oporteat invocari, divine scripture testimonis subter (d) collecta testantur. Legitur itaque in libro Paralipomenon : (1) « *Apparuit Dominus Salomoni* (e) *nocte* (f), *et ait* : *Audivi orationem tuam, et elegi locum istum*

(a) Ici, M. I. R. renvoie à M. I. L., lib. 1, cap. 11. Par « *in precedentibus* », l'auteur fait allusion à *De I. R.*, XI (*v. supra*, p. 166). Dans *De I. L.*, I, XI, il renvoie à *De I. L.*, I, XX (parallèle de *De I. R.*, XI) par cette autre phrase : « *in ultimo libelli hujus capitulo breviter commorabitur* » (P. L., t. XVI, col. 143).
(b) manque dans Sp.
(c) *frequentat*, R.
(d) *subtus*, M. I. L.
(e) *Salomoni Dominus*, M. I. L.
(f) *Dominum*, M. I. L., Sp.

(1) *II Paral.*, VII, 12 : *Apparuit autem Dominus nocte*...

michi in domum (a) *sacrificii*, et cetera (b). Et paulo post : (1) « *Oculi quoque mei erunt aperti, et aures mee erecte ad orationem eius qui in loco isto oraverit* ; *elegi enim* (c) *et sanctificavi locum istum, ut sit nomen meum ibi in sempiternum* ; *et permaneant oculi mei, et cor meum ibi* (d) *cunctis diebus.* » Et in Evangelio Luce : (2) « *Et factum est, dum benediceret illis, recessit ab eis, et ferebatur in celum. Et ipsi adorantes, regressi sunt in Iehrusalem cum gaudio magno. Et erant semper in templo, laudantes et benedicentes Deum* (e). » Et in Actibus (f) Apostolorum : (3) « [*Erant autem,* inquit, *perseverantes in doctrina apostolorum*] (g), *et* (h) *communicatione fractionis panis, et orationibus.* » Et paulo post : (4) « *Quotidie quoque perdurantes unanimiter in templo, et frangentes circa domos panem, sumebant cibum cum exultatione et simplicitate cordis, conlaudantes Deum* (i) (f. 94') *et habentes gratiam ad omnem plebem.* » Item ibi : (5) « *Petrus et Iohannes ascenderunt in templum, ad horam orationis nonam.* » Origenes quoque in omelia de Rebecca : (6) « *Vereor,* inquit, *ne sitis matri vestre* (j) *Ecclesie adhuc in tristitia et gemitu cum non convenitis ad audiendum Dei verbum* (k) *et vix festis diebus ad ecclesiam proceditis* ; *et hoc non tam desiderio verbi quam studio solempnitatis et* (l) *publice quodammodo remissionis obtentu. Quid igitur ego faciam, cui dispensatio verbi credita est ? Ubi vel quando vestrum tempus inveniam ? Plurimum ex hoc, immo pene totum mundanis occupationibus tenetis* (m), *in foro aliud* [*et*] (n) *aliud in negotiatione consu-*

(a) *locum,* Sp.
(b) *et cetera,* manque dans Sp.
(c) *nunc,* Sp.
(d) *oculi mei ibi et cor meum,* Sp.
(e) *Dominum,* M. I. L., Sp.
(f) *Actis,* Sp.
(g) existe dans Sp, sauf *inquit.*
(h) *et* manque dans M. I. L.
(i) *Dominum,* Sp.
(j) *nostræ,* Sp.
(k) *verbum Dei,* M. I. L.
(l) *studio,* ajouté dans R.
(m) *teritis,* M. I. L., Sp.
(n) manque dans Sp.

(1) *II Paral.,* VII, 15-16.
(2) *Luc.,* XXIV, 51-53.
(3) *Act.,* II, 42.
(4) *Act.,* II, 46-47.
(5) *Act.,* III, 1.
(6) Origène, *Homilia X in Geneseos,* c. 24 *de Rebecca.*

mitis, aliud (a) *litibus vacat, et ad audiendum Dei verbum* (b) *nemo aut pauci admodum vacant. Sed quid vos de occupationibus culpo ? Quid de absentibus conqueror ? Presentes etiam in ecclesia positi [non]* (c) *estis intenti ; sed communes et ex usu fabulas tenetis* (d), *et verbo Dei vel lectionibus divinis terga vertitis* (e). *Vereor ne et vobis dicatur a Domino* : (1) « *Converterunt ad me dorsa et non facies suas.* » Et post aliqua in eadem : (2) « *Dicite michi, vos qui tantummodo festis diebus ad ecclesiam convenitis : ceteri dies non sunt festi ? Non sunt dies Domini ? Iudeorum est dies certos et raros observare solempnes, et ideo ad eos dicit Deus* (f) : (3) « *Quia neomenias vestras* (g), *et sabbata,* (h) *et diem magnum non sustineo. Ieiunium* (i), *et ferias, et dies festos vestros odit animea mea.* » *Odit ergo Deus qui una die putant esse festum Domini ?* » Quia ergo Christiani instar templi ierusolimitani, ubi sanguis brutorum effundebatur basilicas (j) in amore et honore (k) Dei construunt, ubi non iam sanguis taurorum effunditur, sed corpus et sanguis (l) Christi conficitur, et a fidelibus percipitur ; et Deus tam evidentibus oraculis loca nomini suo dicata inhabitare, ibique supplicum (m) preces se exaudire polliceri dignatur ; et pontifices sub tanta invocatione eas Deo dedicant, ut omnes qui illuc deprecaturi veniunt (n) de quacumque tribulatione ad (o)

(a) *alius,* R, Sp.
(b) *verbum Dei,* M. I. L.
(c) manque dans Sp.
(d) *teritis,* M. I. L., Sp.
(e) *convertitis,* M. I. L.
(f) *Dominus,* M. I. L.
(g) manque dans Sp.
(h) *sublata,* R.
(i) *jejunia,* Sp.
(j) *basicas,* R.
(k) *in honore et amore,* M. I. L.
(l) *sanguis et corpus,* Sp.
(m) *supplicium,* R.
(n) *conveniunt,* M. I. L.
(o) manque dans Sp.

(1) Jérém., II, 27 : *Verterunt ad me tergum, et non faciem.* Cf. Jérém., XXXII, 33.
(2) Hom. X. in Gen., loc. cit. La référence de Migne (Jérém., XII) est erronée.
(3) Isa., I, 13-14.

eum clamaverint (a), consolationes (b) eius beneficia consequantur : oportet ut [fideles] (c) remoto negligentie torpore (d), huiuscemodi loca ad Deum exorandum (f. 95), sibique propitium faciendum, frequenter ac devote adeant, dignosque se aspectibus angelorum, quorum conventus ibi minime adesse dubitatur (e), exhibeant.

Quod si etiam memoratum templum, in quo pecudes mactabantur, tante venerationi (f) habebatur ut ad illud, non solum Iudei divine legis notitiam habentes, verum etiam nationes a testamento Dei longe (g) remote orandi gratia concurrerent, sicut habes (h) in Actibus (i) apostolorum de viro Æthyope eunucho, qui venerat adorare in Iehrusalem, et revertebatur, et (j) a Philippo catechizatus et baptisatus est : quanto magis templa Christi, ubi eius caro et sanguis immolatur, a (k) fidelibus sunt religiosis obsequiis veneranda et assiduis precibus inexcusabiliter (l) frequentanda. Non igitur sicut se habet quorumdam reprehendenda et emundanda consuetudo, propter ediculas quas sibi ad votum suum construunt, ibique Deo (m) sacrificium offerri posse et debere contendunt, templa per sacerdotum ministerium nomini divino dicata penitus sunt negligenda ac relinquenda : presertim cum Dominus dicat in lege : (1) « *Ad locum quem elegerit Dominus Deus de cunctis tribubus vestris, ut ponat nomen suum ibi, et habitet in eo, venietis, et offeretis illo loco* (n) *holocausta et victimas vestras.* » Et post pauca : (2) « *Cave ne offeras*

(a) *reclamaverint*, Sp.
(b) *consolationis*, Sp.
(c) manque dans Sp.
(d) *tepore*, M. I. L., Sp.
(e) *dubitantur*, R, Sp.
(f) *veneratione*, R (la première syllabe, *ve*, est écrite deux fois, à la fin d'une ligne et au début de la suivante).
(g) *lege*, R.
(h) *habetur*, M. I. L.
(i) *Actis*, Sp.
(j) manque dans Sp, qui donne après *revertebatur* : *a Philippo catechizatus est et baptizatus.*
(k) *et*, R.
(l) *inexcussabiliter*, R.
(m) manque dans Sp.
(n) *in loco illo*, Sp.

(1) Deuter., XII, 5-6.
(2) Deuter., XII, 13-14.

holocausta tua in omni loco quem videris, sed in eo quem elegerit (a) *Dominus in una tribuum tuarum offeres hostias.* » Et (b) in sacris canonibus, in concilio scilicet laodicensi (1) sit (c) institutum : quod non oporteat in domibus oblationes ab episcopis et presbiteris fieri.

(a) *elegit*, Sp.
(b) *et*, manque dans Sp.
(c) *est*, Sp.

(1) Cap. 58 (Mansi, II, 582).

CAPUT XIV

Quod [in] (a) ecclesia Christi non sit otiosis turpibusque fabulis vacandum; et quod qui hec faciunt, non solum sibi peccata non minuant sed etiam (b) maiora accumulent.

Multi ecclesiam ingressi non ad Deum puram simplicemque orationem dirigunt : quoniam quod (c) ore precantur, hoc etiam mente non meditantur (d). De talibus Beda in homelia evangelii septima decima (e) : (1) « *Sunt*, inquit, *qui intrant in* (f) *ecclesiam, multis psalmodiam vel orationem* (g) *sermonibus prolongant, sed alibi corde intendendo, nec ipsi quid dicant, recolunt : ore quidem orantes, sed mente foris vagantes* (h) *omni se orationis fructu* (f. 95') *privant, putantes* (i) *a Deo precem exaudiri, quam nec ipsi qui fundunt, audiunt. Quod antiqui hostis instinctu fieri nemo* [est] *qui animadvertere nequeat. Sciens enim utilitatem orandi, et invidens* (j) *hominibus gratiam impetrandi, immittit orantibus multimoda cogitationum levium et aliquando etiam turpium nocentiumque*

(a) *in,* existe dans Sp.
(b) *et;* M. I. R., Sp. — *etiam,* M. I. L.
(c) *qui,* Sp.
(d) M. I. R. renvoie ici à M. I. L., lib. I, cap. 13.
(e) *in homelia 17 Evangelii,* M. I. L. — *in homilia 17,* Sp.
(f) *intrantes ecclesiam,* R, Sp.
(g) *multis psalmodie vel orationum,* R, Sp.
(h) *mentem foris vagantem,* R, Sp.
(i) *omni orationis fructus se* (?) *privantes sed mentem foris putantes,* R.
(j) *inviduens,* R.

(1) Bède : *Homil. (Dominica II in Quadrag.),* lib. I, 19, dans P. L., XCIV, 105.

fantasmata, quibus orationem impediat; adeo ut non nunquam tales tantosque discurrentium cogitationum fluctus prostrari in oratione toleremus (a). » Sunt itaque plerique, quibus potius cordi est vanis et obscenis confabulationibus vacare, quam lectionibus divinis aurem accomodare, quibus etiam nusquam (b) tam delectabile videtur esse conciliari (c) susurrationes aliorum auribus ingerere, chachinnis ora dissolvere, quam in ecclesia Dei ubi eum humiliter devoteque (d) debuerunt (e) invocare et peccata sua deflere : sed et hoc eiusdem hostis antiqui (f) instinctu fieri non dubium est (g).

Quod autem domus Dei non sit huiuscemodi inlicitarum actionum, sed potius orationum, Dominus docet in Evangelio, dicens : (1) « *Domus mea, domus orationis est*; *vos autem fecistis eam* (g) *speluncam latronum.* » Origenes quoque ubi de velamine Moysi (h) scribit, ita dicit : (2) « *Dicendum nobis prius est quid sit homo aversus a Domino, ut scire possimus quid sit conversus. Omnis qui, cum* (i) *recitatur* (j) *verba legis, communibus fabulis occupatur, aversus est. Omnis qui, cum* (i) *legitur Moyses, de negotiis seculi, de pecunia* (k), *de lucris sollicitudinem gerit, aversus est. Omnis, qui possessionum* (l) *curis stringitur et divitiarum cupiditate distenditur, qui gloriatur seculo* (m) *et mundi honoribus studet, aversus est. Sed et alius qui ab hiis* (n) *quidem videtur alienus, adsistit autem et audit verba legis, et vultu atque oculis intentus, corde tamen et cogitationibus evagatur, aversus est. Quid ergo* [*est*] *converti ? Si hiis omnibus terga vertitis et studio ac mentis sollicitudine, verbo Dei* [*operam*] *detis in lege eius die ac nocte medite-*

(a) *tolleremus*, R.
(b) *nunquam*, Sp.
(c) omis dans M. I. L., Sp.
(d) *et devote*, Sp.
(e) *debuerant*, R, Sp.
(f) *antiqui hostis*, Sp.
(g) *illam*, Sp.
(h) *Moysis*, M. I. L., Sp.
(i) *quicunque*, R.
(j) *recitantur*, M. I. L.
(k) *pecuniis*, M. I. L.
(l) *possessionem*, R.
(m) *gloriæ sæculi*, Origène, édit. Baehrens (*v. infr.*, n. 2).
(n) *Sed et qui ab his*, Origène, édit. Baehrens.

(1) *Luc*, XIX, 46.
(2) Origène, *In Cap. Exodi* XII, éd. Baehrens, t. II, p. 263, *sq.*

mini : *hoc est conversum esse ad Deum* (a). *Aliqui vestrum, ut recitari audierint que leguntur, statim discedunt; nulla ex hiis que lecta sunt, inquisitio adinvicem, nulla conlatio, nusquam memoria mandati illius, quo te divina lex commonet* : (1) « *Interroga patres* (f. 96) *tuos, et dicent tibi, presbiteros tuos* (b) *et adnuntiabunt* (c) *tibi.* » *Alii nec hoc ipsum quidem patienter expectant, quod lectiones in ecclesia recitentur. Alii vero nec, si recitentur, sciunt, sed in remotioribus Dominice domus locis, secularibus fabulis occupantur. De quibus ego ausus sum dicere, quia cum legitur Moyses, iam non velamen super cor eorum, sed paries quidem* (d) *et murus est positus.* »

Augustinus in omeliis (e) ad populum (2) : « *Quando convenitis*, inquit, *ad ecclesiam, pro peccatis vestris orate; nolite (rixas committere, nolite lites et) scandala concitare, aut otiosas fabulas dicere. (Qui ad ecclesiam veniens hec fecerit, ibi se litigando vulnerat, ubi se orando sanare potuerat)* (f). *In ecclesia stantes nolite verbosare* (g), *sed sacras Scripturas* (h) *patienter audite. Qui enim in ecclesia verba vana locutus fuerit* (i) *et pro (se et pro)* (j) *aliis rationem redditurus est in die iudicii, quia* (k) *verbum Dei nec ipse audit ; nec alios audire permittit.* » Item idem : (3) « *Plures*

(a) *Dominum*, M. I. L.
(b) *presbiteri tui*, R.
(c) *nuntiabunt*, Sp.
(d) *quidam*, M. I. L.
(e) *in homilia*, Sp.
(f) Les deux passages entre parenthèses sont donnés dans M. I. L., qui les ajoute d'après le manuscrit de Clermont du *De Inst. Laic.* — Cf. P. L., t. CVI, col. 122 D, note A. Ils existent également dans Sp.
(g) *verbosari*, M. I. L., Sp.
(h) *lectiones divinas*, Sp.
(i) *Qui enim in Ecclesia verbosari voluerit*, Sp.
(j) entre parenthèses dans M. I. L.
(k) *dum*, Sp.

(1) *Deuter*, XXXII, 7.
(2) Pseud. Aug., *Sermo* 286, dans P. L., t. XXXIX, col. 2286, *sq.*, et Ces. Arélat., *Homil.* 33, dans *Max. Bibl. Veter. Patr.*, t. VIII (Lyon, 1877), p. 852 *sq.* La citation dans Jonas est sensiblement différente de ces textes, quant aux paroles.

(3) Pour cette citation, Werminghoff, n'ayant pas trouvé de référence dans Saint Augustin, renvoie seulement au concile de Rome 826 (M. G. H., *Concil. æv. karol.*, p. 581 et 665). Mais en fin de son travail, un addendum renvoie au sermon 106, 1, dans l'éd. A. Mai (Nova Patrum bibliotheca, I, Romæ 1852, p. 221 et *sq.*) La référence de Migne

sunt de quorum perditione nimium contristor ; *illos dico qui venientes ad ecclesiam, magis litigare cupiunt quam orare, et quando debet lectiones divinas in ecclesia intentis auribus [et] tota pietate suscipere, tunc foris causas dicere et diversis (se)* (a) *student calumpniis impugnare. Aliquando etiam, quod peius est, aliqui nimium iracundia succendentur, amarissime rixantur, et turpiter sibi convicia, et crimina initiunt* (b)*, et calcibus et pugnis invicem conliduntur. Melius enim fuerat talibus ad ecclesiam non venire, quam tot malis contra se divinam iram provocare* (c)*. Isti enim et si cum minoribus peccatis ad ecclesiam veniunt, cum multis criminibus de ecclesia revertuntur.* » Item idem : (3) « *Sunt namque aliqui qui in natalitiis* (d) *sanctorum aut in qualibet festivitate, causas aut dicere, aut audire volunt ; et, quod peius est, non pro veritate sed pro avaritia et cupiditate. Debent enim causas dicere et cum iustitia deliberare, sed aliis diebus, alio tempore, non in sanctorum sollempnitate, quando omnes homines magis debent Deo vacare, quam se diversis litibus impugnare.* » Item idem : (1) « *Quando ad ecclesiam convenitis, nolite vos talibus fabulis occupare, unde possitis peccata adquirere. Nolite vos occupare ad litigandum, sed potius ad orandum, non ut rixando Deum offendere, sed supplicando gratiam illius possitis adquirere.* » (e) Beda, in homilia evangelii (f) vicesima : (2) « *Cum fecisset Dominus quasi flagellum de funiculis,* (f. 96') *omnes eiecit* (g) *de templo :* « *Quid ergo, fratres mei,*

(a) *se*, entre parenthèses dans M. I. L.
(b) *initiunt*, manque dans M. I. L. — *injiciunt*, Sp.
(c) *provacare*, R.
(d) *natalibus*, R.
(e) mots rayés dans R : *nolite vos occupare.*
(f) *in omelia evangelia Luce vicesima*, R. (erreur d'attribution, voir ci-dessous n. 2).
(g) *deiecit*, R.

à S. Aug., *De Tempore Sermo*, 214, n'est pas exacte (cf. P. L., t. XXXIX, col. 1526 *sq.*) Mais plusieurs sermons du Ps. Aug. sont comparables quant au sens et parfois quant aux mots, aux quatre textes attribués ici par Jonas à S. Augustin. (Sermons 280, 281, 282, 283 et 286, dans P. L., t. XXXIX, col. 2274 *sq*).

(1) Aug., *Sermo* 106, 2, éd. Mai (*v. supra*, n. 2), p. 222.
(2) Aug., *Sermo* 116, 2, p. 122 (*vid. supr.*, p. prec., n. 2 et 3). La référence donnée par Migne (*De Tempore*, Sermo 214) n'est pas exacte (cf. P. L., t. XXXIX, col. 1526 *sq.*)
(3) Bede, *Homil. lib. I*, 22 (*in Evang. Ionnis*), dans P. L., t. XCIV, col. 115 *sq*. Citation du début : *Io.*, II, 15.

quid putatis (a) *faceret Dominus, si rixis dissidentes, si fabulis vacantes, si risu dissolutos vel alio quolibet scelere reperiret irretitos* (b), *qui hostias, que sibi immolarentur, ementes in templo invenit* (c) *et eliminare festinavit ? Hec propter illos diximus, qui, ecclesiam ingressi, non solum intentionem orandi negligunt, verum etiam* [ea] *pro quibus orare debuerant, augent. Insuper, et arguentes se pro huiusmodi stultitia, convitiis odiisque vel* (d) *detractionibus insequuntur; addentes videlicet peccata peccatis, et quasi funem sibi* (e) *longissimum incaute* (f) *eorum augmentationem* (g) *texentes* (h) *et* (i) *nec timentes ex eo districti iudicis examinatione dampnari.* » Et paulo post (j) : (1) « *Unde multum tremenda sunt hec, dilectissimi, et digno expavescenda timore, sedulaque precavendum industria, ne veniens improvisus perversum quid in nobis unde* (merito) *flagellari* (k) *ac de ecclesia eieci debeamus, inveniat; et maxime in illa que specialiter domus orationis vacatur, observandum* (l) *ne quid ineptum geramus, ne cum Corinthiis ab apostolo audiamus :* (2) « *Numquid domos non habetis ad agenda vel loquenda temporalia, aut ecclesiam Dei contempnitis.* » (m)

(a) *putamus*, Sp.
(b) *in hereticos*, R.
(c) *in templo vidit, et eliminare*, M. I. L., Sp.
(d) *vel etiam*, Sp.
(e) manque dans Sp.
(f) *incanta*, R.
(g) *augmentatione*, R, Sp.
(h) *tenentes*, Sp.
(i) *et, nec...*, R.
(j) Ici, Sp donne : *Nam bis quidem in sancto Evangelio legimus, quod veniens in templum Dominus hujusmodi negotiatores ejecerit; nunc ultimo, id est tertio ante passionem suam anno, sicut ex hujus Evangelistæ sequentibus scriptis agnoscimus; et ipso quo passus est, anno, cum ante dies quinque Paschæ sedens in asino Hierusalem venisset Sed hoc idem eum in templo sanctæ Ecclesiæ et examine quotidianæ visitationis agere omnis qui sapit intelligit.* Puis, la suite comme dans R : *Unde*, etc.
(k) *quid immerito nobis, unde merito flagellari*, M. I. L.
(l) *observandam*, R.
(m) Ici, R présente par rapport à M. I. L. une lacune dont le renvoi de M. I. R. ne fait pas mention, et qui comporte (entre *contempnitis* et

(1) Bede, *Homil.*, lib. I, 22 (in Evang. Iohannis), dans P. L., t. XCIV, col. 116.
(2) *I Cor.*, XI, 22 : *Numquid domos non habetis ad manducandum et bibendum, aut ecclesiam Dei contemnitis.*

Quapropter summopere omnibus fidelibus procurandum est, ut nichil in ecclesia inhonestum, aut cogitatione, aut dicto, aut facto gerant, ne forte peccatis pro quibus absolvendis confluxerant (a), peccata accumulantes, non absolutionem peccatorum adquirant; sed magis funes quibus quodammodo (b) ligentur, sibi accumulent.

---

quapropter de R) une citation de Bède et quelques lignes de Jonas terminées par *Matth.*, V. 5 (P. L., t. CVI, col. 149).
  (a) *confluxerunt*, Sp.
  (b) manque dans Sp.

CAPUT XV (a)

Quod et in aliis competentibus locis, si locus basilice procul fuerit (b), oratio ad Deum et confessio peccatorum fieri possit et debeat.

Sicut [sunt] nonnulli qui orandi gratia ecclesie limina frequentare negligunt, ita [e] (c) contrario existunt plerique, qui pro eo quod basilicas adire nequeunt et reliquias (d) sanctorum presto non habent, idcirco vota precum suarum ad Dominum, ut oportet (e), supplici devotione non fundunt, non animadvertentes quod Deus non sit minus in parte quam in toto, sed ubique totus, ubique presens, ubique mirabilis. Unde ait Psalmista : (1) « *Quo ibo a spiritu tuo, et a facie tua quo* (f) *fugiam ? Si ascendero*

(a) Ce chapitre constitue la première partie de I, 14 du *De I. L.* (P. L., col. 149-151). Dans *De I. R.*, Migne le donne à nouveau, au lieu de renvoyer à De I. L., à cause des variantes assez nombreuses que, dans l'un et l'autre ouvrages, présentent les citations scripturaires : *De I. L.* donne le texte de *III Reg.*, *VIII*, 44-49 et *De I. R.*, le texte parallèle *II Paralip.*, *VI*, 34-39. C'est le premier que nous trouvons dans R. Pour cette raison, nous donnons les variantes entre R et M. I. L.

(b) *basilice abfuerit*, R. (Le manuscrit portait sans doute une abréviation de *procul*, qui a été surchargée en *ab*).

(c) Sp.
(d) *reliquia*, R.
(e) *oporteret*, M. I. L.
(f) *qua*, R. — Sp donne : *et que a facie*...

(1) *Psalm.*, CXXXVIII, 7 (Vulgate : *et quo a facie tua*, comme dans M. I. R.).

in celum, tu illic es ; *si descendero* (a) *in infernum, ades.* » Et idem
alibi (b) : (2) « *In omni loco domi* (f. 97) *nationis eius, bendic anima
mea Domino* » (c). Legitur itaque in libro Regum : (3) « *Si egressus fuerit populus tuus ad bellum contra inimicos suos per viam,
quocunque* (d) *miseris eos, orabunt te contra viam civitatis quam
elegisti et contra domum quam edificavi nomini tuo : et exaudies in
celo orationem eorum et preces eorum et facies iudicium eorum.
Quod si peccaverint tibi* (e), *non est enim homo qui non peccet, et
iratus tradideris eos inimicis suis, et captivi ducti fuerint in terram inimicorum suorum longe vel prope, et egerint penitentiam in
corde suo in loco captivitatis, et conversi deprecati te fuerint in
captivitate sue* (f) *dicentes : Peccavimus, inique egimus, impie gessimus ; et reversi fuerint ad te in universo corde suo et tota anima
sua in terra inimicorum suorum, ad quam captivi ducti sunt, et
oraverint* (g) *te contra viam terre sue, quam dedisti patribus eorum,
et civitatis quam elegisti, et templi quod edificavi nomini tuo ;
exaudies in celo, in firmamento solii tui orationem eorum et preces ;
et facies iudicium eorum.* » Et in libro Danielis : (1) « *Quod cum
Daniel comperisset, id est, constitutam legem, ingressus est domum
suam, et fenestris apertis in cenaculo suo contra Iehrusalem, tribus
temporibus in die flectebat genua sua* (h), *et adorabat ; confitebaturque coram* (i) *Deo suo, sicut et ante facere consueverat.* » Apostolus quoque ait : (2) « *Volo igitur viros orare in omni loco, puras
levantes* (j) *manus sine ira et disceptatione.* » Hieronimus ad Eus-

---

(a) *ad* devant *in*, R.
(b) *Item*, M. I. L.
(c) *Dominum*, R.
(d) *quamcunque*, R.
(e) *tibi*, manque dans M. I. L.
(f) *in captivitatis sue*, R.
(g) *adoraverint*, M. I. L.
(h) manque dans Sp.
(i) manque dans M. I. L.
(j) *levantes puras*, M. I. L., Sp, Vulgate.

(1) *Psalm.*, CII, 22.
(2) *III Reg.*, VIII, 44 à 49. Les textes R et M. I. L. (de même que
le texte parallèle M. I. R.) sont conformes à la Vulgate, sauf très légères
variantes.
(3) *Dan.*, VI, 10.
(4) *I Tim.*, II, 8.

tochium : (1) « *Egredientes hospitium armet oratio* ; *regredientibus de platea oratio occurrat antequam sessio. Nec prius corpusculum requiescat, quam anima verbo Dei* (a) *pascatur. Ad omnem actum, ad omnem incessum manus pingat crucem.* »

(a) *verbo Dei* manque dans Sp, dans le passage parallèle de M. I. T., et dans l'éd. Hilberg (*v. infr.*, n. 1).

(1) Hier., *Ad Eust.*, dans *Corp. Script. ecclesiast. latin.*, éd. Isid. Hilberg (1910). Epist., pars. I, Ep. XXII, 37, p. 201.

CAPUT XVI

De observatione diei Dominici et perceptione corporis et sanguinis Domini nostri Ihesu Christi

Nam et [in] (a) hoc obnixe deprecamur ut in observatione diei Dominici, quo Deus lucem mundi condidit et quo auctor vite a mortuis resurrexit, quo etiam Spiritum sanctum paraclitum (b) de celis apostolis misit, sicuti dudum genitorem vestrum admonendo (c) deprecati sumus, debitam adhibeatis curam, et tanto diei de (f. 97') bitum impendatis honorem ; scilicet ut in (d) ipsa die, quantum potestis, a curis et sollicitudinibus mundanis vos (e) exuatis, et quod tanti diei venerationem competit, et vos faciatis, et vestros exemplo vestro ad id faciendum et doceatis et agere compellatis (f). Ad perceptionem vero sacri corporis et sanguinis Domini nostri Ihesu Christi nichilominus monemus, ut sicut christiane religioni expedit, congruis temporibus salubriter (vos) (g) preparetis, adtendentes illud evangelicum : (1) « *Qui manducat*

(a) *in* est dans M et Sp, manque dans R.
(b) *paracletum*, M, Sp.
(c) *admonendi*, R.
(d) *in* manque dans M et Sp.
(e) *ad id faciendum erudiatis et agere doceatis*, M, Sp.
(f) *vox*, R.
(g) entre parenthèses également dans M, manque dans Sp.

(1) *Io.*, VI, 55, 56 : ...*Caro enim mea vere*...

carnem (a) *meam, et bibit sanguinem meum* (b) [*habet vitam eternam, et ego resuscitabo in novissimo die. Caro mea vere est cibus, et sanguis meus vere est potus. Qui manducat carnem meam* (a) *et bibit sanguinem meum* (b)] (c) *in me manet, et ego in eo* (d). »
Quatenus id exequentes, vestro exemplo vobis famulantes ut hoc faciant, instruatis.

(a) *meam carnem*, M, Sp.
(b) *meum sanguinem*, M, Sp.
(c) Le texte entre crochets est complet dans Sp.
(d) *illo*, M, Sp.

CAPUT XVII

Qui imperatorum vel regum veraciter felices dici possint et debeant

Hoc opucsulum, obtime rex, ob amorem salutis vestre digessi (a) humiliter deprecans (b), sicut iam in precedentibus dictum est, libenter legere et audire dignemini, quatenus libentius atque frequentius deinceps serenitati vestre ea que ad salutem anime vestre et honorem regni pertinere cognovero, alacri animo scribam. Quod tamen opusculum non meis, sed beati Augustini doctoris eximii verbis finiendum ratum dignumque duxi, ut in eis perspicue cognoscatis qui imperatores, quive reges felices dici possint et debeant. Scribit autem in libro quinto de Civitate Dei, inter cetera, ita : (1) « *Neque enim* (c) *nos Christianos quosdam imperatores ideo felices dicimus, quia vel diutius* (d) *imperarunt, vel imperantes* (e) *filios morte placida reliquerunt, vel hostes reipublice domuerunt, vel inimicos cives adversus se insurgentes, et cavere, et obprimere potuerunt. Hec* (f) *et alia vite huius erumnose vel munera vel solatia quidam etiam cultores demonum accipere meruerunt, qui non pertinent ad regnum Dei, qui pertinent isti*; *et hoc ipsius misericordia factum est, ne ab illo ista,*

(a) *digessimus,* M, Sp.
(b) *deprecantes,* M, Sp.
(c) *nunc,* M, Sp.
(d) *ditius,* R.
(e) *imperatores,* M, Sp.
(f) *hæc enim et...,* M.

(1) Aug., *De Civ. Dei*, V, 24, dans l'édit. Hoffmann (*Corp. script. eccl. latin.*), vol. I, p. 260 et 261.

qui in eum crederent, velut summa bona desiderarent. Sed felices eos .dicimus, si iuste imperant, si inter linguas sublimiter (f. 98) *honorantium* [*et obsequia nimis humiliter salutantium*] (a) *non extolluntur* (b) *et* (c) *se homines esse meminerunt* (d) ; *si suam potestatem ad Dei cultum maxime dilatandum maiestati eius famulam* (e) *faciunt* ; *si* (f) *Deum timent, diligunt, colunt* (g) ; *si plus amant illud regnum, ubi non timent habere consortes* ; *si tardius vindicant, facile ignoscunt* ; *si eamdem vindictam pro necessitate regende tuendeque reipublice* (h), *non pro saturandis inimicitiarum odiis exerunt* ; *si eamdem veniam non ad impunitatem iniquitatis, sed ad spem correptionis indulgent* ; *si, quod aspere coguntur plerumque* (i) *decernere, misericordie lenitate et beneficiorum largitate compensant* ; *si luxuria tanto eis est castigatior, quanto posset* (j) *esse liberior* ; *si malunt cupiditatibus pravis, quam quibuslibet* (k) *gentibus imperare* ; *et si hec omnia faciunt non propter ardorem inanis glorie, sed propter caritatem felicitatis eterne* ; *si pro suis peccatis, humilitatis, et miserationis, et orationis, sacrificium Deo suo vero immolare non negligunt. Tales Christianos imperatores dicimus esse felices interim spe, postea re ipsa futuros, cum id quod expectamus advenerit.* » Deo gratias.

EXPLICIT ISTE LIBER (l)

(a) existe dans Sp.
(b) *extollantur,* R.
(c) *sed,* M.
(d) *meminerint,* R.
(e) *famulatam,* R.
(f) *et,* R.
(g) *Deum timentes, diligant, colant,* R.
(h) *pro necessitate regendi et utendi re publica,* R.
(i) *plerumque coguntur,* M, Sp.
(j) *possit.,* M, Sp.
(k) *quilibet,* R.
(l) *Explicit... liber* est rayé sur le manuscrit et suivi de trois inscriptions, *en lettres* hébraïques, numérotées de 1 à 3 et composées simplement des mots latins plus ou moins exactement transcrits lettre pour lettre. Au-dessous, se trouve la « traduction » que nous reproduisons en la complétant (entre crochets) là où elle fait défaut dans le manuscrit :
Significatio hæbraice huius annotationis hæc est :
1º *Amer scripsit Anno dni Mille quatuor.*
2º *Liber Pipini* [*et cætera*].
3º *Pier damian Cardinalis de Ursinis* [*Sanctæ Romanæ Ecclesiæ Cardinalis*].

INDEX DES NOMS PROPRES

Achery (Luc d'), p. 19, 40, 42, 50, 52, n. 3, 104, 105, 106, 121, 122.
Adalhard, p. 18, n. 2.
Adrevaldus, p. 29, n. 5.
Agius, p. 28, n. 6, 34, n. 4, 35.
Agobard, p. 18, 87, 99, 108, n. 2, 110.
Aiulf, p. 36, n. 1.
Alcuin, p. 35, 61, 64.
Aldric du Mans, p. 29, n. 6, 30.
Aldric de Sens, p. 35, 45, n. 2.
Alès (d'), p. 105.
Amalaire, p. 28.
Amann, p. 35, 41.
Ambroise (Pseudo-), p. 61, n. 2.
Ambroise (Saint), p. 62, n. 3, 66, n. 2, 98.
Amelung, p. 19, n. 1, 23, n. 4, 24, 26, n. 2, 34, n. 4, 39, 48, n. 3, 51, 53, 55, n. 2, 56, 101, 102, 106, n. 1.
Anastase, empereur, p. 71, 134.
Anastase, pape, p. 108.
Arquillière (H.-X.), p. 17, n. 1, n. 2, 74, n. 1, 85, 86, n. 1, n. 3, 107, n. 1, 109, n. 2, 115.
Augustin (Pseudo-), p. 63, 166, n. 1, n. 2, 167, n. 3, 184, n. 2.
Augustin (Saint), p. 46, n. 2, 57, 61, n. 1, 63, 67, 68, n. 1, 74, 75, n. 1, 84, n. 2, 92, n. 3, 114, 174, n. 4, 184, n. 3, 185, n. 1, n. 2, 194, n. 1.
Baehrens, p. 173, n. 3, 183, n. 2.
Bahr, p. 25, n. 3.

Baluze, p. 42, 154, n. a.
Baudrillart (Mgr), p. 30, n. 4.
Bède, p. 61, n. 1, 64, 67, 74, 114, 150, n. 2, 174, n. 2, 182, n. 1, 185, n. 3, 186, n. m, n. 1.
Bellarmin, p. 44, n. 2.
Benoit d'Aniane (Saint), p. 27, 110.
Bernard d'Italie, p. 25.
Bernard de Septimanie, p. 92, 99.
Bernheim (E.), p. 86, n. 2, 115.
Berthold, p. 27, 28, n. 1, 37.
Bigot (Emery), p. 42.
Boiteux (L.), p. 30, n. 4.
Bondois (Marg.), p. 53, n. 4.
Boretius-Krause, p. 47, n. 1.
Boson, abbé, p. 34.
Bossuet, p. 46.
Bouquet, p. 27, n. 3, 29, n. 5, 34, n. 4.
Brémond (H.), p. 46, n. 1.
Brière (Y. de la), p. 102, n. 4.
Cassiodore, p. 62, 64, 67.
Ceillier, p. 28, n. 2.
Césaire d'Arles (Saint), p. 64, 66, 74, 184, n. 2.
Charlemagne p. 18, 23, n. 4, 24, 32, 33, 84, 88, 98, 107, 110, 113, 114.
Charles le Chauve, p. 34, 43, n. 3, 44.
Claude de Turin, p. 29, 34, 44, 61, 68, 70, n. 5, 96, n. 1, 102, 103, n. 1, 106.

Constantin, empereur, p. 48, n. 3, 72, 95, n. 4.
Cyprien (Pseudo-), p. 62, n. 2, 140, n. 1.
Cyprien (Saint), p. 62, 66, 67, 73.
Damien (Pierre), p. 194, n. 1.
Dareste, p. 53.
Declopetus, évêque, p. 25, n. 2.
Desmares, p. 43, 46.
Denzinger-Bannwart, p. 102, n. 2.
Donat, comte, p. 29, n. 5.
Duchesne (Mgr), p. 25, n. 2, 35.
Dubruel, p. 107, n. 1.
Durse (Herbert de), p. 40, n. 1.
Dümmler, p. 37, n. 3.
Dungal, p. 29, 44.
Ebbon, p. 30, n. 3, 33.
Ebert, p. 54, 55, n. 2.
Eginhard, p. 53.
Elbène (Mgr d'), p. 25, n. 2, 40, 41, 46.
Elipand de Tolède, p. 23.
Ermold le Noir, p. 25, n. 5.
Eugène II, pape, p. 31.
Eugène III de Tolède, p. 65.
Eusèbe, p. 62, 66.
Fabricius, p. 25, n. 3, 34, n. 4.
Fauste de Riez, p. 71.
Félix d'Urgel, p. 23, n. 3, n. 4.
Fortunat, p. 126, n. 1.
Friedegise, p. 37, n. 3.
Fulgence, p. 64, 71, 74, 84, n. 1, 135, n. 2, 142, n. 1.
Gélase, pape, p. 64, 71, 77, n. 2, 134, 135, n. 1.
Gierke (O. von), p. 86, n. 3.
Grégoire le Grand, p. 60, n. 2, 64, 67, 68, n. 1, 72, 73, n. 1, 92, n. 3, 104, n. 1, 114, 143, n. 1.
Grégoire IV, p. 82, 86, n. 4, 101, 109, 111, 117.
Grégoire VII, p. 86, n. 4, 117.
Grimbert (Dom), p. 40.
Guettée, p. 24, n. 3.
Guizot, p. 29, n. 1.
Guyon (Symphorien), p. 25, n. 2, 34.
Hadrien Ier, pape, p. 107.
Halphen, p. 99, n. 1. Voir Lot.

Hartel, p. 62, n. 1.
Havet, p. 29, n. 6.
Héfélé-Leclercq, p. 29, n. 6, 30, n. 1, n. 3, 31, n. 1, 47, n. 1, 54, n. 3.
Hellmann, p. 140, n. 4.
Herchinrad, p. 33, n. 2.
Hilberg, p. 190, n. 1.
Himly, p. 26, n. 4, 89.
Hincmar, p. 18, n. 2, 87, 90.
Hoefer, p. 34, n. 4.
Hoffmann, p. 194, n. 1.
Homère, p. 27, 37.
Hugues, comte, p. 29, n. 4.
Huss (Jean), p. 104.
Innocent Ier, p. 64.
Isidore de Séville, p. 48, n. 4, 60, n. 2, 61, n. 1, 66, n. 2, 72, n. 3, 73, 74, 85, 91, 92, 114, 138, n. 1, 142, n. 2, n. 4, 143, n. 1, n. 2, 146, n. 1, 147, n. 1, 150, n. 4, 156, n. 4.
Jacques de Viterbe, p. 74, n. 1.
Jarry (voir Thillier).
Jean Chrysostome (Saint), p. 61.
Jérémie de Sens, p. 27, 31.
Jérome (Saint), p. 63, 67, n. 6, 101, 190, n. 1.
Judith, impératrice, p. 99.
Julius Pomeranius, p. 64, 66.
Kessel, p. 26, n. 3, 54.
Labbe, p. 42, 46.
Lactance, p. 62, 66, n. 2.
Lampride, p. 65.
Lapôtre, p. 108.
Le Cointe, p. 25, n. 3.
Lemaire (A.), p. 78, n. 3, n. 4, 79, 80, 82, 88, 90, n. 4.
Léon le Grand, p. 102, 108.
Lesne (Mgr), p. 29, n. 1, 89, n. 1, 110, n. 2, n. 3.
Letaldus, p. 26, n. 1.
Levillain (L.), p. 28, n. 5, n. 6, n. 7.
Loisy (A.), p. 102, n. 4.
Lot (Ferdinand), p. 20, 76.
Lothaire, p. 29, n. 4, 30, n. 3, 32, 33, 53, n. 4, 99, 101, 108.
Louis le Germanique, p. 99.

INDEX DES NOMS PROPRES

Louis le Pieux, p. 23, n. 4, 24, 25, 26, n. 5, n. 6, 29, n. 4, n. 6, 30, 31, 32, 33, 34, 35, 37, 52, 53, 56, 57, n. 1, 65, 82, 88, 89, 100, 107, 108, 109, 110, 113, 115, 116.
Mabillon, p. 27, n. 2, n. 4, 28, n. 1, 39.
Magnin (E.), p. 97.
Mai (A.), p. 184, n. 3.
Manitius, p. 16, 19, n. 2, 24, n. 2, 34, n. 4, 37, n. 3, 38, n. 1, n. 3, n. 4, 39, 45, 61.
Mansi, p. 30, n. 2, 48, n. 1, 181, n. 1.
Margarin de la Bigne, p. 43.
Martin (Olivier), p. 79.
Matfrid, p. 28, 29, n. 1, 32, 39, 40, 54, 55, n. 2, 56.
Maximin (Saint), p. 127.
Mège (Joseph), p. 41, 46, 58, n. 1.
Migne, p. 39, 43, 121, 179, n. 2, 184, n. 3, 189, n. a.
Modoin, p. 36, n. 1.
Morman, p. 25.
Nicole, p. 46, n. 1.
Odon, comte, p. 34.
Origène, p. 61, n. 1, 74, 173, n. 3, 174, n. 1, 178, n. 6, 183, n. 2.
Ovide, p. 65.
Pange (de), p. 86, n. 3.
Pascal, pape, p. 106, n. 1.
Paschase Radbert, p. 109, n. 1.
Paulin de Nole, p. 63.
Pélage, pape, p. 108.
Pelletier, chanoine, p. 25, n. 2.
Pépin Ier d'Aquitaine, p. 18, 24, n. 6, 29, n. 1, 32, 37, 45, 52, 53, 54, 56, 76, 98, 100, 115, 116.

Pépin le Bref, p. 29.
Pirenne, p. 18, n. 4.
Prosper (Saint), p. 66.
Prou, p. 18, n. 1, 19, n. 3, 53, n. 3.
Robert (Jean), p. 39.
Rufin, p. 62, 63, 66, 67, 137, n. 1.
Salmon (A.), p. 44, 45, n. 1.
Sauret (Pierre), p. 40.
Saussaye (de la), p. 25, n. 3.
Schrödl, p. 34, n. 3.
Sedulius, p. 63.
Sedulius Scottus, p. 18, n. 4.
Sickel, p. 27, n. 3.
Simpson, p. 37, n. 3, 51, 54.
Smaradge, p. 18, n. 1, 81, n. 1, 82, n. 4, 116.
Sozomène, p. 62, 66.
Tardif, p. 34, n. 4.
Thégan, p. 36, n. 1.
Théodemir, p. 29, 44.
Théodose, p. 98.
Thiel, p. 71, n. 1.
Thillier et Jarry, p. 27, n. 1, 34, n. 4.
Tixeront, p. 107, n. 1.
Vacant-Mangenot, p. 31, n. 2.
Vernet, p. 31, n. 2.
Varron, p. 65.
Virgile, p. 27, 37, 65, 150, n. 3.
Waitz, p. 50.
Wala, p. 26, 35, 84, 87, 99, 100, 108, 110, 113.
Walcaud, p. 28, 38.
Wénilon, p. 28, 34.
Werminghoff, p. 45, 47, n. 1, 107, n. 1, 184, n. 3.
Wicleff, p. 104.
Wollmer, p. 65, n. 8.

Nota. — Ce tableau ne contient que les noms figurant seulement à la Bibliographie. Les citations d'éditions savantes n'y sont mentionnées que lorsque le nom de l'éditeur figure dans notre texte ou nos notes.

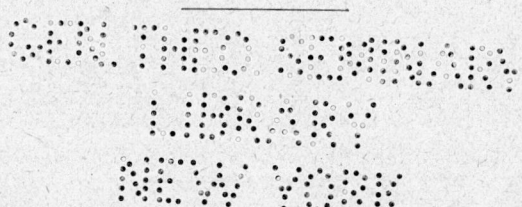

ACHEVÉ D'IMPRIMER
—— SUR LES PRESSES ——
DE LA GRANDE IMPRIMERIE
—— DE TROYES ——
128 — RUE THIERS — 128
—— LE 15 JANVIER 1930 ——

EN VENTE A LA MÊME LIBRAIRIE

BIBLIOTHÈQUE D'HISTOIRE DE LA PHILOSOPHIE

Bachelard (G.). — **Essai sur la connaissance approchée.** In-8º de 310 pages (Prix Gegner).. **30 fr.**

Du même auteur. — **La valeur inductive de la relativité.** In-16 de 257 pages... **12 fr.**

Baillot (A.). — **Influence de la philosophie de Schopenhauer en France (1860-1900).** In-8º de 440 pages............................. **40 fr.**

Basch (V.). — **Essai sur l'esthétique de Kant.** In-8º de 634 pages... **60 fr.**

Brochard (V.). — **Les Sceptiques grecs.** 1923, in-8º de 432 pages... **50 fr.**

Brochard (V.). — **Études de philosophie ancienne et de philosophie moderne.** (1926), in-8º de 559 pages............................. **40 fr.**

Boutroux (E.). — **La philosophie de Kant.** 1926, in-8º de 374 pages. **35 fr.**

Boutroux (E.). — **De l'Idée de loi naturelle dans la Science et la Philosophie.** 1925, in-8º de 144 pages................................ **12 fr.**

Boutroux (E.). — **La Nature et l'Esprit.** 1926, in-8º de 240 pages.. **24 fr.**

Boutroux (E.). — **Études d'histoire de la philosophie allemande.** In-8º de 260 pages.. **24 fr.**

Bréhier (E.). — **La théorie des incorporels dans l'ancien stoïcisme.** 1928, in-8º de 65 pages.. **14 fr.**

Delbos (V.). — **Le Spinozisme.** In-8º de 215 pages.................. **20 fr.**

Foucher (L.). — **La jeunesse de Renouvier et sa première philosophie. (1815-1854).** In-8º de 278 pages................................. **30 fr.**

Gouhier (H.). — **La vocation de Malebranche.** In-8º de 172 pages.. **18 fr.**

Gouhier (H.). — **La philosophie de Malebranche et son expérience religieuse.** In-8º de 435 pages.. **40 fr.**

Hamelin (O.). — **Le système de Renouvier.** In-8º de 455 pages.... **45 fr.**

Kant (E.). — **Critique du jugement,** traduit par J. Gibelin. In-8º de 296 pages.. **40 fr.**

Kremer (R.). — **La théorie de la connaissance chez les néo-réalistes anglais.** In-8º de 204 pages.. **25 fr.**

Lasbax (E.). — **La hiérarchie dans l'Univers chez Spinoza.** In-8º de 396 pages.. **25 fr.**

Milhaud (G.). — **La philosophie de Charles Renouvier.** In-8º de 160 p. **15 fr.**

Milhaud (G.). — **Études sur Cournot.** In-8º de 155 pages........... **15 fr.**

Mouy (P.). — **L'idée de progrès dans la philosophie de Renouvier.** In-8º de 210 pages... **20 fr.**

Mouy (P.). — **Les lois du choc des corps d'après Malebranche.** In-8º de 95 pages... **10 fr.**

Rodier (G.). — **Études de philosophie grecque.** In-8º de 376 pages.. **40 fr.**

Sirven (J.). — **Les années d'apprentissage de Descartes (1596-1628).** In-8º de 500 pages... **50 fr.**

LIBRAIRIE J. VRIN, 6, PLACE DE LA SORBONNE, PARIS

ARCHIVES D'HISTOIRE DOCTRINALE
ET LITTÉRAIRE DU MOYEN AGE

DIRIGÉES PAR

Ét. GILSON
Professeur à la Sorbonne

G. THÉRY, O. P.
Docteur en Théologie

PREMIÈRE ANNÉE 1926

Ét. Gilson. **Pourquoi saint Thomas a critiqué saint Augustin.** — G. Théry. **Edition critique des pièces relatives au procès d'Eckhart, contenues dans le manuscrit 33 b de la bibliothèque de Soest.** — E. Longpré. **Thomas d'York et Thomas d'Aquasparta.** — M.-D. Roland-Gosselin. **Sur la double rédaction par Albert le Grand de sa dispute contre Averroès :** « *De unitate intellectus* » et « *Summa theologiae* », **II, Tr. XIII. Q. 77. m. 3** .... **40 fr.**

DEUXIÈME ANNÉE 1927

O. Wilmart. **Les homélies attribuées à saint Anselme.** — M.-D. Chenu. **La théologie comme science au XIIIe siècle.** — J. Rohmer. **Sur la doctrine franciscaine des deux faces de l'âme.** — J. Guillet. **La lumière intellectuelle d'après saint Thomas.** — Ét. Gilson. **Avicenne et le point de départ de Duns Scot.** — F. Delorme. **Vital du Four. Huit questions inédites sur le problème de la connaissance.** .... **40 fr.**

TROISIÈME ANNÉE 1928

Ét. Gilson. **La cosmogonie de Bernardus Sylvestris.** — P. Synave. **Le catalogue officiel des œuvres de saint Thomas d'Aquin.** *Critique. Origine. Valeur.* — J. Rohmer. **La théorie de l'abstraction dans l'école franciscaine d'Alexandre de Halès à Jean Peckam.** — M.-D. Chenu. **La première diffusion du Thomisme à Oxford. Klapwell et ses «Notes» sur les Sentences.** — P. Glorieux. **Notices sur quelques théologiens de Paris de la fin du XIIIe siècle.** — G. Mollat. **L'œuvre oratoire de** *Clément VI*. — E. Vansteenberghe. **Quelques lectures de jeunesse de Nicolas de Cues.** — A. Wilmart. **La lettre philosophique d'Almanne et son contexte littéraire.** — G. Théry. **Le commentaire de Maître Eckhart sur le Livre de la Sagesse** .... **45 fr.**

QUATRIÈME ANNÉE 1929

Ét. Gilson. **Les sources gréco-arabes de l'augustinisme avicennisant, avec une édition critique du De intellectu d'Al Farabi.** — L. Massignon. **Note sur le texte arabe du De intellectu d'Al Farabi.** — R. Devreesse. **Sur Denys l'Aréopagite.** — Jos. Koch. **Jacques de Metz, le maître de Durand de Saint-Pourçain.** — G. Théry. **Le commentaire de Maître Eckhart sur le Livre de la Sagesse (fin)** .... **45 fr.**

Grande Imprimerie de Troyes

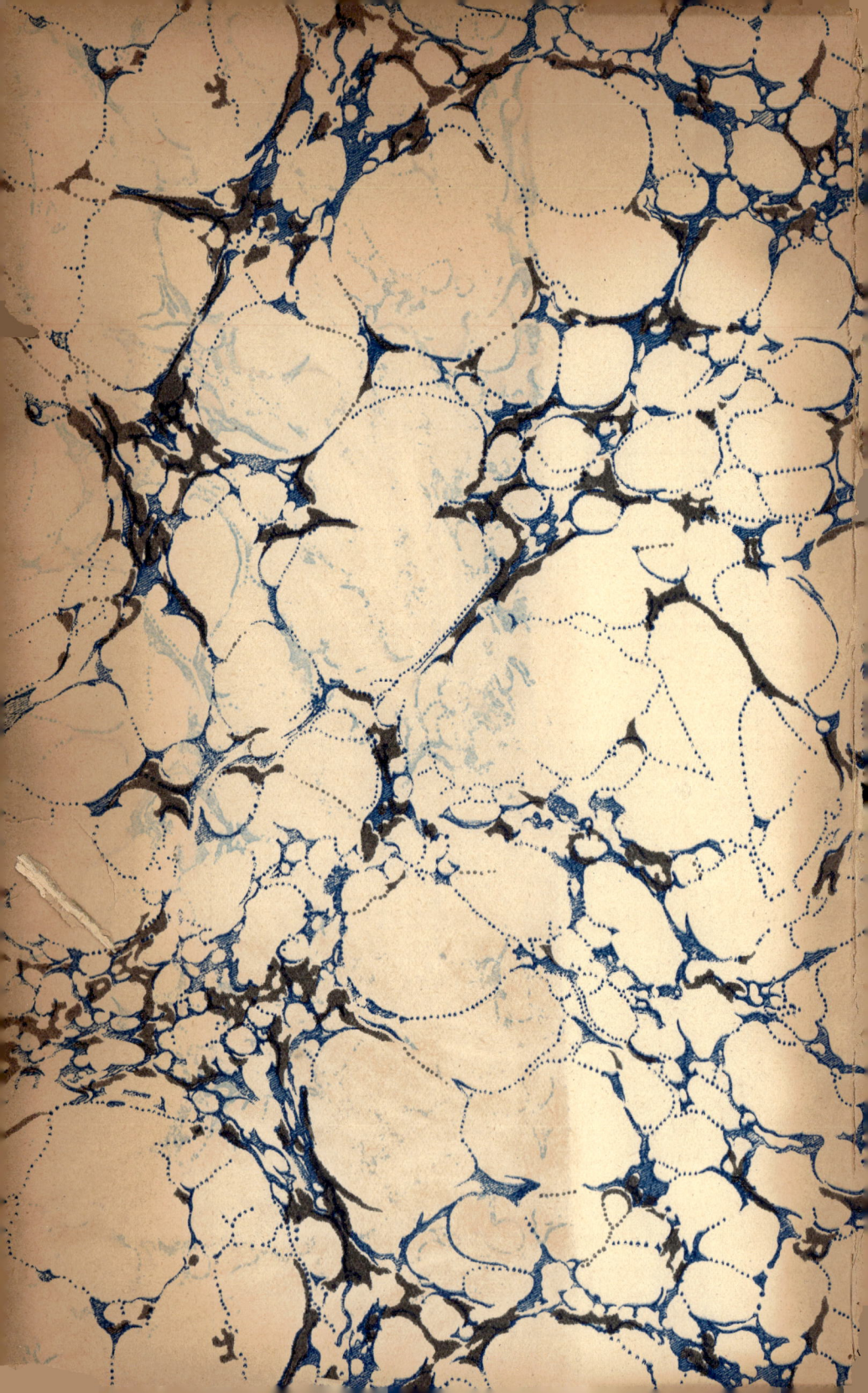